Ortwin Schweitzer
Deutschland – Meine Liebe!

Ortwin Schweitzer

DEUTSCHLAND –
MEINE LIEBE!

Verlag Gottfried Bernard
Solingen

1. Auflage 2003

© der deutschen Ausgabe 2003
  Verlag Gottfried Bernard · Heidstr. 2a · 42719 Solingen
  e-mail: Verlag.GottfriedBernard@gmx.de

Satz: type & print, Nürnberg

Umschlaggestaltung: Thomas Sommerer, type & print, Nürnberg

Druck: Schönbach Druck, Erzhausen

Falls nicht anderweitig angegeben, sind alle Bibelzitate
aus der Elberfelder Übersetzung übertragen.
© 1985, R. Brockhaus Verlag Wuppertal und Zürich

ISBN: 3-934771-42-4

Best.-Nr.: 175742

Diese sowie alle weiteren Titel aus dem Verlag Gottfried Bernard sind erhältlich bei:
Gerth Medien GmbH · D-35607 Asslar

INHALT:

DEUTSCHLAND – MEINE LIEBE!

Was für ein Titel!
Ich habe lange gezögert, ob ich dem Buch diesen Titel geben soll.
Kann ich das denn ehrlicherweise so sagen?
Würden Sie das denn sagen?
Sagen Sie das doch einfach mal zwei- oder dreimal laut vor sich hin.
Welche Empfindungen haben Sie dabei?

Was für ein Volk sind wir!
Gibt es noch ein einziges Volk in Europa, das so fragt?

Wie sind wir doch in den letzten hundert Jahren Achterbahn gefahren, durch alle Höhen und Tiefen nationaler Gefühle: Vom Nationalstolz der Kaiserzeit hinunter in die nationale Demütigung des Versailler Vertrags, hinein in den nationalen Größenwahn der Nazizeit; danach hinab in den Abgrund maßloser Enttäuschung, mit Scham vor uns selbst, ein Ekel vor der ganzen Welt. Mühsam haben wir uns durch stabile demokratische Verhältnisse und loyale Bündnispolitik zur wirtschaftlichen Großmacht emporgearbeitet und wieder Ansehen unter den Völkern erworben[1] – aber die Scham blieb im Herzen hocken. Und Scham bewirkt immer Verdrängung. 50 Jahre und mehr. „Nie mehr Deutschland!"
Hätte dieses Buch nicht besser den Titel bekommen sollen:
„Herr, heile unser Land!?"

---

[1] Die anders verlaufende Nachkriegsgeschichte von Ostdeutschland beschreibt der Abschnitt „DDR – das andere Vaterland" von Astrid Eichler

Neulich besuchte ich eine größere Gebetsversammlung. Zum Beten ging es in Gruppen. Wir standen im Kreis – vier junge Leute und ich – fassten uns an den Händen und beteten. Und plötzlich betete eine von den jungen Frauen flüssig und ganz natürlich: „Vater, ich danke dir für Deutschland! Vater, ich liebe Deutschland und ich bitte dich um Segen für dieses Land". Mir kamen die Tränen. Ich schaute sie an wie sie so locker dastand und von Herzen weiterbetete für ihr Vaterland. Ich spürte, dass diese Sätze aus einem Herzen kamen, das oft schon für Deutschland vor Gott gestanden hatte und das die Impulse Gottes für Deutschland, seine Liebe verstanden hatte und darum befreit worden war von alter Scham. Ich schaute auf zu Gott und spürte, dass ER dabei ist, eine neue Generation von Deutschen zu sammeln, die ER durch ihr Beten so verändert, dass sie so locker und natürlich wie andere Völker sagen können: Ich liebe Deutschland! Deutschland – meine Liebe! Zu denen möchte ich auch gehören!

Dr. Heinrich VII. Prinz Reuss, dem dieses Buch posthum gewidmet ist – er starb am 8. Februar 2002 – würde von diesen Worten genauso bewegt gewesen sein wie ich.

Es war auf einer Tagung vor einigen Jahren, dass er mir am Morgen nach einer schweren Nacht sagte: „Ortwin, ich habe heute morgen zum ersten Mal seit Kriegsende Deutschland wieder „mein Vaterland" genannt." Er war sichtlich bewegt, der 72-jährige, der wie kaum einer von uns anderen durch seine Vorväter aus Deutschlands Adel mit der Geschichte dieses Landes verbunden war und darum die Last der deutschen Scham so tief und existenziell erlebte, dass er sich wie abgeschnitten fühlte von seiner Geschichte, vom Land seiner Väter. Aber in dieser Nacht und Tags zuvor hatte Gott sein Herz berührt, dass er Hitler und seinen Genossen im Namen Jesu Christi vergeben konnte und dadurch wieder frei wurde, zu Deutschland als seinem Vaterland zu stehen – und zu sich selbst. Als Deutscher.

Darum soll dieses Buch auch diesen Titel tragen: „Deutschland – meine Liebe!" Es soll ein tief empfundener Ausdruck emotionaler Verbundenheit sein und zugleich Ausdruck einer Hoffung, die nach vorne weist. Es will Hilfestellung sein, in ein neues Deutschland hineinzuwachsen, einem Land unter der Vergebung Gottes, von IHM gesetzt zum Segen.

Dieses Buch hat zwei große Abschnitte: der erste gibt die biblisch-theologischen und methodischen Grundlagen (I.+II.), der zweite behandelt mehr praktisch die nationale Frage (III.). Wer nicht so sehr an den Grundlagen interessiert ist (wiewohl sie die gängigen Fragen bearbeitet), der kann sich auch gleich der zweiten Hälfte des Buches zuwenden; sie ist auch in sich verständlich.

Als ich mit dem Manuskript so gut wie fertig war, fragte mich eine befreundete Pfarrerin auch Brandenburg: „Deutschland – meinst du damit auch die östlichen Bundesländer der ehemaligen DDR und ihren inneren Weg oder doch nur wieder die alten Bundesländer und ihren Weg seit 1945?" Ich war betroffen. Ohne es zu merken, hatte ich beim Schreiben mit keinem Gedanken (außer an einer Stelle) daran gedacht, wie viel schwerer der Weg der Ostdeutschen in der nationalen Frage war, als der der Westdeutschen. So kam es, dass ich Astrid Eichler – sie war es! – bat, ein eigenes Kapitel zur Entwicklung des deutschen Nationalgefühls in der DDR, und danach bis heute zu schreiben. Ich danke ihr ganz herzlich für diese wichtige Ergänzung.

Noch ein Letztes: Es ist mir bewusst, wie viele Fragen in diesem Buch nur angerissen, aber noch nicht zu Ende gedacht sind. Ich lade dazu ein, weiter zu denken. Auch kann es sein, dass die eine oder andere Information trotz Bemühung nicht vollständig ist. Sagen Sie es mir. Vor allem habe ich ganz wichtige Anschlussthemen wie z. B. stellvertretende Buße für vergangene Generationen, territoriale, dämonische Mächte u. a. hier nicht behandeln können, wiewohl sie an einigen Stellen anklingen. Vielleicht wird aus diesen Themen einmal ein eigenes Buch.

Möge dieses Buch ein Lichtstrahl sein im Herzen vieler Menschen, klare Antworten geben, Dank gegenüber unserem gnädigen Gott wecken und Liebe für unser Land: Deutschland – meine Liebe!

Ortwin Schweitzer
Leinfelden-Echterdingen, Januar 2003

I.

BERUFUNG
UND IDENTITÄT

SCHLÜSSELWORT „BERUFUNG"

Offene Fragen und eine These

Es war eine ziemlich „hochkarätige" Versammlung charismatischer Leiter. Man unterhielt sich intensiv darüber, ob Deutschland denn eine spezielle Berufung habe und ob es überhaupt gut ist, für so etwas zu beten. Schließlich hätten wir ja unsere historischen Erfahrungen mit dieser Vorstellung vom „deutschen Sonderweg" bis hin zum „Deutschland, Deutschland über alles". Sei es uns als Christen überhaupt aufgetragen, für so etwas zu beten? Sollte es nicht viel mehr unser Bemühen sein, dass dieses Volk gerettet wird, indem viele zum Glauben an Jesus kommen? Und wie will man denn die so genannte „Berufung" eines Landes, unseres Landes feststellen? Da ist man doch allenfalls auf Vermutungen oder „persönliche Eindrücke" angewiesen, die allesamt subjektive Feststellungen sind ohne jeglichen Anspruch auf Allgemeingültigkeit.

Und dann meldeten sich – als seien die Beter noch nicht genügend „abgespitzt" – Theologen noch zu Wort und fragten, wie denn solch ein Beten um das „Hineinkommen von Deutschland in seine Berufung" biblisch zu begründen sei. Wo steht denn in der Schrift, dass die Völker überhaupt eine spezielle, eine individuelle Berufung haben? Israel hat von Gott eine Berufung bekommen, „Licht der Völker" zu sein – aber die Völker?

Ein englischer Begriff tauchte in diesem Zusammenhang immer wieder auf, der bekannt wurde, weil ihn prominente Redner aus dem

Ausland immer wieder in ihren Ansprachen verwendeten. John Dawson[2] zuerst vor Jahren und dann John Mulinde[3] sprachen von dem „redemptive purpose", den Gott mit diesem Land habe und den wir erkennen, im Gebet ergreifen und leben lernen sollten.

Aber was ist „redemptive purpose"?

Man war sich in Bezug auf die Übersetzung nicht ganz einig. „purpose" heißt zunächst Absicht. Eine Absicht Gottes also mit unserem Land, die sich unterscheiden lässt von dem „purpose" Gottes mit anderen Nationen. Und „redemptive" ist das Adjektiv zu „redemption", was „Erlösung" heißt.

Etwas umschrieben hieße „redemptive purpose" also: Gott hat eine Absicht mit einem Volk (purpose). Das Volk aber unter dem Einfluss des Teufels wendet sich von Gottes Richtungsvorgabe auf Sein Ziel ab und macht aus seinen Gaben und Kräften etwas ganz anderes. Es sündigt. Gott begegnet der Sünde durch das Erlösungsangebot im Kreuz Jesu, bietet Erlösung und Vergebung (redemption) an, damit dieses Volk wieder auf seinen Weg kommt und so das Ziel, die Absicht Gottes durch die Erlösung erreicht. „redemptive purpose" ist also „die durch Erlösung wieder sichtbar gewordene Absicht Gottes" oder einfacher „Erlösungsabsicht Gottes". Der Gebrauch dieses Begriffs durch Dawson und Mulinde ist dem deutschen Wort „Berufung" sehr nahe, wenn es auch nicht die genaue Übersetzung ist.

Hat nun Deutschland von Gott her eine Berufung oder nicht? Natürlich steht in der Bibel nichts von Deutschland – aber doch oft genug etwas von Berufung. – Ja, von Einzelnen! – Aber gibt es Belege für die Berufung von Völkern? Hat nicht doch nur Israel allein von Gott eine erkennbare Berufung?

Gegenfrage: Hat der Gott der Bibel irgendetwas in dieser Welt „aus Versehen", sprich ohne Absicht erschaffen? Vollends ein ganzes Volk? Wie sagt Gott zu Jona über Ninive? *„Mich sollte nicht jammern Ninive, eine so große Stadt, in der mehr als 120 000 Menschen leben,*

---

[2] Internationaler Direktor des weltweit größten Missionswerkes „Jugend mit einer Mission" und Gründer von „International Reconciliation Coalition".

[3] Pastor von „World Trumpet Mission", Kampala, Uganda und internationaler Sprecher auf vielen Konferenzen.

die nicht wissen, was rechts und links ist, dazu auch viele Tiere!" (Kap
4,11) Mit dem Buch Jona öffnet Gott Israel die Augen für seine große
väterliche Liebe auch zu den Heidenvölkern ... Und sollte er ihnen
dann keinen Existenzsinn zugedacht haben?

Das Gespräch der charismatischen Leiter endete ohne Ergebnis.
Dieses Buch ist eine Fortsetzung, ist ein Weiterdenken an den ange-
schnittenen Problemen.

Und dazu gleich eine steile These als meine Antwort:

Die Berufung Gottes für Deutschland hängt biblisch gesehen
nicht an der Geschichte Gottes mit Israel, sondern an Gottes Liebe zu
seiner Schöpfung.

Und hier die Begründung.

Der Schöpfer

Biblischer Glaube bezeugt die Natur nicht als Ergebnis eines Zufalls,
sondern als Schöpfung eines allmächtigen und liebenden Schöpfers.
Als dieses Werk vollendet war und sein Wesen widerspiegelte, sah
Er es an und bezeugte: Es ist alles sehr gut.

Biblischer Glaube lässt keinen Zweifel daran, dass Gott alles
geschaffen hat und alles seiner Absicht und einem vollkommenen
Plan entspricht, in dem jedes Teil seine Aufgabe und darum seinen
Sinn hat. „Der Herr freuet sich aller seiner Werke"; „alle Lande sind
seiner Ehre voll." Dies ist das eigentliche Ziel aller Schöpfung in ihrer
wunderbaren Vielfalt der Individuen (Kontingenz) und ihrer tausend-
fältigen Bezogenheit aufeinander (Kohärenz): die Ehre Gottes. Nichts
ist hier zufällig, sondern allem hat Gott einen Sinn gegeben. Jedes
Geschöpf Gottes im ganzen Universum hat in Gottes Augen einen
Sinn, eine Berufung, die nur von ihm erfüllt werden kann.

Biblischer Glaube bezeugt, dass Gott auch die Völker geschaffen
hat, damit sie seinem Namen Ehre geben.

Die Völker sind Kreaturen Gottes, das heißt, dass Gott auch ihnen
wie jedem anderen seiner Wesen, einen individuellen Sinn eingestif-
tet und eine bestimmte Aufgabe im Ganzen übertragen hat.

Die Frage nach dem „purpose" der Völker ist also nicht von Israel her zu klären, sondern von der Schöpfung, vom Schöpfer her. Die Völker haben wie jede andere Kreatur Gottes einen eigenen Gottesgedanken in sich, den sie zu Seiner Ehre und zum Nutzen des Ganzen umsetzen sollen. Das steht fest! Wenn dies anders wäre, müsste es in der Bibel stehen.

Der Erlöser

Der Schöpfungswille Gottes mit seinen Geschöpfen, der „purpose", wurde durch Satan pervertiert, in sein Gegenteil verkehrt mit der Absicht, dass die Kreatur fortan Satan die Ehre geben solle als „Gott dieser Welt". Die Abkehr vom Schöpfer und Hinkehr zu Satan, diese gigantische kosmische Perversion nennt die Bibel „Sünde". Diese Perversion zu pervertieren d. h. die Schöpfung wieder in die göttliche Ordnung zurück zu bringen, ist das Ziel der nun einsetzenden universalen Erlösungsabsicht Gottes: das ist der umfassende „redemptive purpose" für die Welt. Es entsteht neben der ersten Ebene der Schöpfung und ihrer Geschöpfe eine zweite Ebene des Handelns Gottes: die „neue Schöpfung". So sagt Paulus: *Ist jemand in Christus, so ist er eine neue Kreatur"* (wörtl: „Schöpfung" 2. Kor 5,17) und Johannes spricht gar von einer nochmaligen, einer „Wieder-Geburt".

Wiedergeborene Christen als Geschöpfe der neuen Schöpfung wären so gerne nur noch Teilhaber dieser zweiten Ebene der Erlösten. Aber so ist es nicht. Beide Ebenen sind unterscheidbar, aber nicht trennbar in dieser Welt.

Warum? Weil der Gott, der sich die Schöpfung ausgedacht hat, sich auch die Erlösung ausgedacht hat. Er ist ein und derselbe! Der Erlöser-Gott verwirft doch nicht das, war er als Schöpfer-Gott „sehr gut" gemacht hat. Die Absicht der Erlösung ist die Wiederherstellung der Schöpfung, nicht ihre Verwerfung.

Durch das Kommen Jesu in der Gestalt eines Menschen hat Gott die Schöpfung gewürdigt und wieder hergestellt. Noch ist die Perversion Satans nicht völlig überwunden, darum ist vieles von der Erlösung der Schöpfung noch nicht sichtbar. Aber es wird geschehen!

Dies kommt zum Ausdruck in der Vision und Verheißung vom 1000-jährigen Friedensreich (Millenium), wo Satan gebunden ist (Offb 20,1-6) und die Schöpfung in die paradiesische Ordnung zurückkehrt (Jes 2,2-5; 11,6-11). Es findet mitten in dieser Welt statt und zeigt noch einmal, was Gott als Paradies mit dieser Welt eigentlich vorhatte. – Erst danach, wenn die Zeit dieser Welt endgültig zu Ende geht und Christus wiederkommt – dann, aber erst dann wird die erste Schöpfung ganz vergehen und „ein neuer Himmel und eine neue Erde" kommen. Bis dahin aber müht sich Gott um diese Welt und die Wiederherstellung seiner guten Absicht mit ihr – und geht dabei bis zum Opfer seines Sohnes für diese Welt.

Der Einzelne

Was bedeutet diese biblische Schau von den beiden Ebenen des Handelns Gottes in der Welt für den Einzelnen?

Wenn ein Mann von 40 Jahren, verheiratet, Vater von drei Kindern sich bekehrt und durch Gottes Geist wiedergeboren wird zu einer neuen Kreatur – hört er dann auf ein Mann zu sein? Nein! Aber er wird sein Mannsein anders leben, eben be – kehrt. Hört er auf, ein Vater zu sein für seine Kinder? Nein! Aber er wird ein besserer, ein erlöster Vater sein. Oder hört er auf, ein Schwabe oder ein Deutscher zu sein? Nein! Vielmehr lehrt ihn der Geist Gottes, der in ihm ist, wie ein erlöster Deutscher aussieht, ohne Überheblichkeit und ohne Selbstverdammnis.

Wohl sagt Paulus in Galater 3,28: „Hier, in der Gemeinde ist nicht Jude noch Grieche, hier ist nicht Mann noch Frau usw.". Aber diese Schöpfungsgegebenheiten von Geschlecht oder Herkunft werden deswegen nicht annulliert durch den Glauben, – sie bedürfen vielmehr der Annahme und der Gestaltung. Was Paulus meinte ist, dass vor Gott in der Gemeinschaft der Ekklesia jede Bevorzugung des einen vor dem anderen (wie im Judentum üblich) hinfällig ist, „denn ihr seid allesamt einer in Christus Jesus!"

Durch die Erlösung in Jesus befreit uns Gott nicht von der Schöpfung, sondern er befreit uns zu seiner Schöpfung. So wie Erlöste leben, so hat sich Gott seine Schöpfung ursprünglich gedacht. Die

„Erlösungs-Absicht" ist keine neue Absicht Gottes, sondern die ursprüngliche, nun aber durch die Erlösung freigesetzt. Das ist „redemptive purpose".

Israel

Was heißt das Schema der zwei Ebenen, angewandt auf Israel? Eindeutig weiß Israel um seine Bedeutung auf der Schöpfungsebene: *„Dein Vater war ein wandernder Aramäer"* (5. Mose 26,5). Und Gott sagt es dem Volk auch selbst, dass es ein kleines, unbedeutendes Volk sei (5. Mose 7,6-8) *„Nicht hat dich der Herr, dein Gott, erwählt, weil du größer wärest als alle Völker – denn du bist das kleinste unter allen Völkern – sondern weil er dich geliebt hat und damit er seinen Eid hielte, den er euren Vätern geschworen hat."*

Aber Gott setzt mit seinem Erlösungsplan mit der Welt bei Israel an. Dies ist ein freier Gnadenakt Gottes, indem er aus dem Schafhirten Abram aus Haran in Chaldäa einen Abraham, einen Vater vieler Völker macht, in dem alle Völker gesegnet sein sollen.

Hört Israel durch seine Erwählung auf, ein Völkchen des vorderen Orients zu sein? Nein! Bis zum heutigen Tag ist es beides: als „ethnos" (griech.) ist es das Volk der Juden, als „laos" (griech.) das Volk des Eigentums. Israel erhält seine weltgeschichtliche Bedeutung durch seine Erwählung zu Gottes Volk („laos") – was ohne Parallele ist unter den Völkern – und nicht durch sein ethnos-Sein. Und doch lebt auch Israel in beiden Ebenen: Israel „nach dem Fleisch" und Israel „nach dem Geist".

Die Völker

Und wie manifestieren sich die beiden Ebenen von Schöpfung und Erlösung mit ihrem jeweiligen „purpose" bzw. „redemptive purpose" bei den Völkern, die das Alte Testament „Heiden" und das Neue Testament „Völker/Nationen" nennt (hebr. gojim, griech. éthn)?

Die Völker sind biblisch gesehen „soziologische Kreaturen" Gottes. Wie schon wiederholt gesagt, erschafft der Schöpfer nichts ohne Absicht und nichts ohne ihm auch einen Ort und eine Aufgabe im

Gefüge seiner Schöpfung zuzuweisen, so auch den Völkern im ganz normalen kreatürlichen Sinn.

Wie aber sieht die Erlösungsebene bei den Heiden aus?

Es gab ja Selbstaussagen von Völkern die meinten, als Nation in Parallele zu Israel eine göttlicher Erwählung zu haben:

* „God's own people" (England)
* „Am deutschen Wesen soll die Welt genesen" (Deutschland)[4]
* „Reich der Mitte" (China)

Dies alles war menschliche Hybris und endete kläglich.

Wo aber setzt Gottes Erlösung bei den Völkern an? Wo zeigt sich die Erlösungskraft Gottes unter den Nationen?

Antwort: In der Kirche, der Gemeinde.

Wie bei Israel, so hat Gott auch hier eine Erwählung – unverdient und aus Gnaden – ausgesprochen, weswegen sie auch „die Herausgerufene", die Ekklesia heißt. Dem ersten Erwählungswunder mit Israel fügt Gott ein zweites Erwählungswunder mit der Gemeinde hinzu. Er ruft sich ein neues Volk von Berufenen zusammen und spricht ihnen, den Heiden, die glauben, zu: „Ihr aber seid das auserwählte Geschlecht, die königliche Priesterschaft, das heilige Volk (ethnos!), das Volk (laos!) des Eigentums" (1. Petr 2,9).

Und wie bei Israel die schöpfungsmäßige Berufung als Volk der Juden (ethnos) zurücktritt hinter die geistliche Berufung als Licht der Heiden, so tritt auch in Gottes Heilsplan die schöpfungsmäßige Berufung der einzelnen Nationen zurück hinter ihrer geistlichen Berufung, als Kirche ein Licht der Welt zu sein. In dieser Weise ist die Kirche, deren Haupt Christus ist, wie Paulus in Eph 1,22f ausführt, berufen, Haupt der Völker zu sein.

Hört damit aber die schöpfungsmäßige Bestimmung der Nationen auf? Dürfen wir von daher nicht mehr von der „Berufung Deutschlands" sprechen und dafür beten?

---

[4] Emanuel Geibel, 1861, in dem Gedicht „Deutschlands Beruf": „Und es mag am deutschen Wesen/einmal noch die Welt genesen". Verkürzt aus dem Gedächtnis zitiert von Kaiser Wilhelm II. bei der Verabschiedung der deutschen „Expeditionstruppen" nach China 1907 in Münster: „Am deutschen Wesen soll die Welt genesen".

Soll einer, wenn er zum Volk Gottes kommt, seine nationale Zugehörigkeit vergessen?

Rückblende: Hört ein Mann, verheiratet, Vater von drei Kindern nach seiner Wiedergeburt auf, diese Lebensberufung auszuleben? Nein! Vielmehr wird er durch seine Erlösung erst richtig befähigt, seine schöpfungsgemäße Berufung gottgemäß auszuleben. Er wird dabei in der Regel viele Fehlschläge erleben, weil Altes wieder hochkommt, aber er wird – wenn er dran bleibt – erleben, wie der Geist, wie die Kraft der Erlösung ihn mehr und mehr zu einem geistlichen Mann und einem geistlichen Vater macht, d. h. zu dem macht durch „redemption", was Gottes „purpose" von Anfang an mit ihm war.

So auch bei den Völkern.

Ein Volk ohne Gemeinde in seiner Mitte, lebt seine Berufung in der Finsternis satanischer Perversion. In dem Maß aber wie ein Volk Menschen in seiner Mitte hat, die aus der Erlösung leben und die für ihre Nation beten, kann sich der Schöpfungsgedanke Gottes für dieses Volk rein und immer reiner darstellen: der ursprüngliche „purpose" wird durch das Leben und die Gebete der Christen mehr und mehr als „redemptive purpose" sichtbar.

Dies bedeutet nicht, dass sich dann alle bekehren werden oder schon erlöst wären – nein! Dazu müssten sie sich persönlich bekehren! Aber die Gebete der Christen für ihr Volk reichen in ihrer Wirkung weit über den Gemeinde-Zugehörigkeits-Zaun hinaus. Sie beeinflussen Menschen in der Politik ihres Landes zu den richtigen Entscheidungen, die dem „purpose" Gottes mit diesem Volk entsprechen, obwohl sie persönlich dem Glauben noch fern stehen und nicht wissen, dass Gottes Geist es war, der sie aufgrund der Gebete der Heiligen gelenkt hat (Jesaja 44,28; 45,5a). Ein Beispiel dafür ist der Perserkönig Kyros, der tut, was Jahwe will, obwohl er nichts davon weiß. Beispiele dazu auch in dem Kapitel „Heilung der nationalen Identität".

Es ist Gottes Geheimnis, warum er um zehn Gerechter willen Sodom verschont hätte und warum er um der Christen willen in einem Volk, das betet, Buße tut und seine Königsherrschaft über diesem Volk ausruft, sich diesem Volk in Gnaden zuwendet und ihm hilft, in seine/Seine Berufung hinein zu kommen. Aber es ist die Erfahrung, dass Gott so verfährt und darum beten wir auch.

Dieses Geheimnis hängt zusammen mit dem biblischen Grundgesetz in der Ebene der Erlösung: der Stellvertretung. Gott hat die Stellvertretung in die Ebene der Erlösung so fest eingefügt, wie z. B. das Gravitationsgesetz in die erste Ebene der Schöpfung.

Zusammenfassung

Gott, der Schöpfer aller Dinge, hat allem Geschaffenen einen Sinn gegeben, d. h. er hat mit allem, was er schafft, eine Absicht.

Dies gilt im Besonderen für den Menschen, der diese göttliche Absicht an sich bewusst erfahren und als „Berufung" ergreifen kann.

Dieser Vorgang gilt grundsätzlich auch für Völker. Völker sind „soziale Kreaturen" Gottes.

Die Absichten, die Gott mit seiner Schöpfung hatte, verfolgt Er – trotz Sündenfall – konsequent weiter im Christusgeschehen der Erlösung. Darum ist der „redemptive purpose" der Geschöpfe kein anderer als der ursprüngliche „purpose", d. h. die Erlösung vollendet die Schöpfung. Dies ist anwendbar auf alles, auch auf die Berufung der Völker.

Das Heilsgeschehen Gottes setzt historisch an in der Erwählung Israels zum Licht der Völker. Sie ist einzigartig und hebt das Volk der Juden (ethnos) heraus als Volk Gottes (laos) aus allen Völkern.

Dem entspricht im Heilsplan Gottes nach dem Erscheinen Jesu die Erwählung der Kirche aus allen Völkern und Nationen, als die Gemeinschaft der Herausgerufenen, die gesetzt ist zum Licht der Welt.

Wenn es die Kraft der Erlösung ist, die die Schöpfung und Gottes Absicht in ihr vollendet, dann ist es die Aufgabe Israels und der Kirche gemeinsam, die Völker hineinzuführen in das letzte Ziel Gottes mit der Welt: Seine Ehre und Seine Verherrlichung.

Aber noch am Thron des Lammes wird man erkennen, dass die Anbeter kommen „aus allen Stämmen, Sprachen, Völkern und Nationen". Das heißt, selbst am Ende aller Zeiten, in der Vollendung der Erlösung, werden die geschöpflichen Unterschiede und die Schöpferabsichten Gottes noch erkennbar sein. Denn er ist der Schöpfer, der Erlöser und der Vollender der Welt. IHM sei die Ehre in Ewigkeit.

Erlösungsebene   ❏ Israel   ❏ die Kirche

Schöpfungsebene   ❏ Volk der Juden   ❏ die Völker

Ebenen unterscheidbar aber nicht trennbar	Einzelner	Israel	Völker insgesamt global	Völker einzeln national
Erlösung Redemption	Geistlicher Vater	Israel	Ekklesia	Ekklesia
Wiederhergestellte Schöpfung *redemptive purpose*	Erlöster Vater	Königreiche Davids und Salomon	Millenium	Nationale Berufung
Schöpfung creation with purpose	Vater	Volk der Juden Zwölf aramäische Volksstämme	Kosmos der Völkerwelt	Jede einzelne Nation

SCHLÜSSELWORT „IDENTITÄT"

Begriffserklärung

Das Wort „Identität" ist gebildet aus dem lateinischen Wort „idem" = „eben derselbe". Identität bedeutet also: „die Wesensart eben desselben" – In dieser ist es einzigartig und unterscheidet sich darin von allen anderen.

Und so definiert der Große Brockhaus den Begriff: „Identität die, Gleichheit mit sich selbst. Identisch, völlig gleich, gleichbedeutend."

Die Begriffe „Individualität" und „Identität" liegen ziemlich nah beieinander. Nur setzt „Identität" Bewusstheit voraus, „Individualität" nicht. So sind Tiere derselben Art sehr verschiedene Individuen in Körperbau und Wesensart. Sie haben sehr wohl „Individualität", aber sie haben kein Bewusstsein ihrer „Identität". Die Unverwechselbarkeit nennen wir „Individualität". Wird die Individualität bewusst wahrgenommen, bezeichnet man dies als „Identität". Daher besitzt „Identität" nur der Mensch. In diesem Sinn ist „Identität" gleichbedeutend mit „Person".

Entstehung von Identität

Wie entsteht Identität im Verlauf des menschlichen Lebens?

Vor Jahren gab es einen Film der UNICEF. Er zeigte hospitalisierte Kinder im Alter von etwa drei Jahren. Niemand hatte sich um sie gekümmert, außer der Befriedigung ihrer körperlichen Funktionen. Sie saßen auf dem Boden und das einzige „Spiel", das sie kannten, war, im Schneidersitz da zu hocken und den Kopf hin und her zu wiegen. Intelligenzquotient: debil. Dann kam eine Ärztin, die sich jeden Tag eine Stunde persönlich mit jedem Kind beschäftigte, es anredete, liebkoste und mit ihm spielte. Das Ergebnis war verblüffend: nach einem halben Jahr hatten die Kinder schon fast das Normalmaß ihrer Altersgenossen erreicht. Völlig normale Kinder also. Was ist der Schlüssel zur Personwerdung, zur Identität des Menschen?

Antwort: das Gegenüber.

Die Bibel spricht davon in der Geschichte von der Erschaffung des Menschen in 1. Mose 2. Dort heißt es in Vers 7: *„Da machte Gott der Herr den Menschen aus Erde und blies ihm den Odem des Lebens in seine Nase. Und so ward der Mensch ein lebendiges Wesen".*

Gott, der Schöpfer, macht sich als Erster dem Menschen zum Gegenüber. In diesem Gegenüber kommt der Mensch in seine Existenz nach Leib, Seele und Geist. Er spricht ihn an. Per „Du". (*Adam, wo bist du?"* 1. Mose 3,9).

Und doch stellt Gott fest, dass ihm ein sichtbares Gegenüber fehlt (V. 18): *„Es ist nicht gut, dass der Mensch allein sei. Ich will ihm eine*

Hilfe schaffen, als sein Gegenüber". Eine Hilfe zum Lebenserhalt braucht dieser Mensch nicht: was er braucht ist viel existenzieller, viel wichtiger – nämlich ein Gegenüber, das ansprechbar ist.

„Und Gott der Herr machte aus Erde alle Tiere... und brachte sie zu dem Menschen... und der Mensch gab einem jeden Tier seinen Namen. Aber für den Menschen ward keine Hilfe als Gegenüber gefunden" (V. 19,20). Tiere sind sichtbar und sind ein Gegenüber. Jeder weiß, wie sehr Tiere in ihrer Individualität dem Menschen ein Gegenüber sein können. Aber sie können ihm keine Hilfe sein, um ihn zu seiner Identität zu erwecken.

Und dann folgt in einem zweiten Anlauf die Erschaffung der Frau aus der Rippe des Mannes. *„Und er brachte sie zu ihm"* (V. 22). Da sprach der Mensch (hebr: issch/engl.: man): *„Das ist doch Bein von meinem Bein und Fleisch von meinem Fleisch. Man wird sie Männin (isscha/wo-man) nennen, weil sie vom Manne genommen ist."* (V. 23) Abgesehen von der Geschlechterspannung, die im Jubelschrei des Mannes spürbar ist, wird in dem Wortspiel auch deutlich, dass das Geschöpf gefunden ist, das ein Gegenüber ist, das Anrede erlaubt und damit Identität wechselseitig möglich macht.

Aus diesem Urbeginn menschlicher Identität im Gegenüber zum anderen Menschen ergeben sich alle weiteren Bestandteile, die Identität ausmachen.

Die 3-Schritte-Methode zur Erkenntnis der Identität von Einzelnen

„Identität" ist wie ein Puzzle-Bild, das sich aus drei verschiedenen Teilstücken zusammensetzt. „Identität" ist (a) bewusst ergriffene Individualität (b) in Raum und (c) in Zeit. Raum und Zeit sind die beiden Grundkoordinaten des Erlebens in dieser Welt und haben darin natürlich Anteil an der Formung des menschlichen Lebens zu seiner jeweiligen Identität. Die 3-Schritte-Methode ist der Versuch, eine Systematik für die Erkenntnis von Identität zu entwickeln. Diese Erkenntnis ist für die weitere Argumentation dieser Arbeit von grundlegender Bedeutung.

1. Der Name

Im Namen, mit dem einer gerufen wird, erfährt der Mensch, dass er ein eigener, ein Individuum ist. Das erfährt auch der Hund, der mit seinem Namen gerufen wird. Aber nur der Mensch kann über sich nachdenken. Er wird mit seinem Namen gerufen (Selbsterfahrung). Nur er ist in der Lage zu antworten (Sprache als Kommunikationsbrücke) und zu begreifen, was er mit seiner Person beim anderen auslöst (Fremderfahrung). So umfasst der „Name" alles, was einem Menschen hilft, sich seiner Person und seiner Identität bewusst zu werden. Die Namen in den Kulturen der Naturvölker spiegeln am besten etwas von diesem Zusammenhang von Name und Identität wieder (z. B. „Großer Bär" etc.).

Im Gegenüber zu seinem ewigen Schöpfer entwickelt sich in der Person des Menschen auch ein Wissen um sein Woher und Wohin, um den Sinn seines Daseins. Die Fähigkeit über sich hinaus zu fragen („transzendieren") ist vom Schöpfer nur dem Menschen als eine allgemeine Schöpfungsgabe mitgegeben, nicht aber dem Tier. Tiere spüren sehr wohl das Transzendente (Bileams Esel den Engel), aber kein Tier sucht nach Gott wie der Mensch, den Gott auf sich hin, zu seinem Ebenbild geschaffen hat. Weil die Fähigkeit, Gott zu suchen jedem Menschen als Schöpfungsgabe mitgegeben ist, wird Gott die Menschen darüber auch zur Rechenschaft ziehen (Röm 1,19ff und Röm 2,1ff).

2. Der Raum

Menschen leben immer an einem bestimmten Ort. Die Gegebenheiten dieses Ortes und wie sie erfahren werden prägen wesentlich die Person, die Identität eines Menschen.

Zum „Ort" seines Lebens gehören für einen Menschen neben den geographischen, lokalen und häuslichen Gegebenheiten auch alle soziologischen Verortungen:

- Seine Familie, deren Namen er auch trägt: der Vater, die Mutter, die Geschwister und Verwandten, kurz, das ganze soziale Netz seiner Umgebung einschließlich des Standes (arm, reich) zu der er per Familie gehört. – Dazu gehört dann auch

- Seine Heimat, d. h. sein Dorf, seine Stadt oder die Gegend, in der er wohnt und sich zu Hause fühlt, samt ihrer Sprache (Dialekt). Auch die Landschaft prägt die Menschen, ob sie z. B. mit den Bergen oder dem Meer aufgewachsen sind. – „Ort" für den Aufbau seines Identitätsbewusstseins ist für den Menschen auch

- Sein Land, sein Volk, aus dem er stammt, seine Nation.

So gehören zur „Ver-Ortung" des Menschen sowohl die Landschaft, der Wohnort und das Haus, als auch der „soziale Ort", d. h. die Wertvorstellungen von Familie, Stamm und Volk, zu der ein Mensch gehört.

3. Die Zeit

Die Zeit bemisst sich in den drei Phasen: Gegenwart – Vergangenheit – und Zukunft. Jeder Mensch erlebt sein Leben in diesen drei Kategorien und wird davon bestimmt in seinem Wesen, in seiner Identität.

- Gegenwart: Derselbe Typ Mensch in demselben Ort, aber zur Zeit Luthers im 16. Jahrhundert, wird anders geprägt sein durch seine Zeit als ein vergleichbarer Typ Mensch heute in Erfurt oder Wittenberg.

- Vergangenheit: Hier kommen alle die prägenden Einflüsse vergangener Generationen auf uns Heutige in den Blick, die unsere Identität entscheidend mitbestimmen.

- Zukunft: Für die Ausbildung einer persönlichen Identität ist von entscheidender Bedeutung, welche Zukunftsperspektiven einer für sein Leben hat oder ob er keine solchen hat.

Die Dimension der Geschichte in Vergangenheit, Gegenwart und Zukunft ist etwas, was so nur zum Menschen gehört. Kein Tier erlebt „Historie".

Es gehört zur Reifung eines Menschen zu seiner vollen Identität, dass er „Ja" sagen lernt zu seinem Namen und allem, was dieser umfasst, zu seinem „Ort" und dessen sozialem Netz inklusive aller Belastungen darin, und dass er die Geschichte seines Lebens (auch mit ihren Schandflecken) annimmt. Wer dies schafft, von dem sagen wir, er sei „identisch mit sich", er hat Frieden mit sich geschlossen, er ist nicht nur eine Person, sondern auch eine Persönlichkeit.

An einem solchen Leben ist das Werk Gottes abzulesen, der in einem Menschen immer mehr das heranreifen lässt – auch oft über lange Umwege – was sein Bild von diesem Menschen, und was sein Ziel mit diesem Leben war und ist. Es tritt immer klarer hervor, was die Berufung dieses Lebens ist.

Je älter ein Mensch aber wird, desto mehr merkt er, wie sehr doch alles Gnade war. Je tiefer in einem Menschen das Bewusstsein der Erlösungsbedürftigkeit aller seiner Werke – auch der guten! – reift, desto klarer werden die Absichten Gottes, wird die Berufung seines Lebens hervortreten. Dies ist dann mehr und mehr die Offenbarung des „redemptive purpose" über einem Leben in Schöpfung und Erlösung – zur Ehre Gottes.

II.

DIE IDENTITÄT VON GESELLSCHAFTEN

ÜBERTRAGUNG DES IDENTITÄTSBEGRIFFES AUF VÖLKER I: „CORPORATE IDENTITY"

Was eben über den einzelnen Menschen gesagt wurde, soll nun auf Völker und Gesellschaften übertragen werden.

Biblische Belege

Schlüsselbegriff bleibt auch hier: die Identität.

Identität entsteht im Angerufen-Werden, in der Anrede, wie wir sahen. Nur der angesprochene Mensch kann sich als Ich, als Identität erkennen.

Genau dies tut Gott mit den Völkern: Gott spricht sie an „per Du".

Er spricht so zu Israel – das wissen wir.

Aber er ruft auch Edom (Kla 4,21-22), Moab (4. Mo 21,29), Sidon (Jes 23,4), Babel (Jer 50,24; 51,13-14) in dieser Weise an.

Im Neuen Testament ruft Jesus weinend: „*Jerusalem, Jerusalem, wie oft habe ich deine Kinder versammeln wollen wie die Glucke ihre Kücklein*"... (Mt 23,37). Oder voller Zorn: „*Wehe dir, Chorazin! Wehe dir, Bethsaida... und du, Kapernaum...*" (Mt 11,20-24).

In den Weherufen Jesu wird nicht nur das Vorhandensein einer kollektiven Identität dieser Städte in den Augen Gottes belegt, sondern in den sich anschließenden Gerichtsdrohungen ihre volle Verantwortlichkeit für ihr Tun festgestellt. Solcherlei Gerichtsworte wären aber sinnlos, wenn dem vor Gott nicht ein Gegenüber, eine wirkliche d. h. verantwortliche Identität entsprechen würde, die Gott ansprechen kann und von der er auch entsprechende Reaktionen fordern könnte.

Das Englische hat einen guten Begriff gefunden dafür, dass eine Gemeinschaft wie eine Einzelperson angesprochen und dann auch so behandelt wird: „corporate identity", „körperschaftliche" oder „kollektive Identität".

Diese biblischen Belege sprechen eine eindeutige Sprache: Sie zeigen, dass Gott diese Gesellschaften wie eine Person behandelt, indem er sie „per Du" anspricht. Gott konstituiert damit ihre Identität, ihre Personalität.

Wir dürfen also nach diesem klaren Zeugnis der Schrift nun das für die Identität von Einzelnen Gefundene auf die Identität von „kollektiven Identitäten" übertragen und dann untersuchen, ob das Ergebnis Sinn macht.

Doch bevor wir das tun, noch der Hinweis auf Beobachtungen, die jeder in Bezug auf „corporate identities" selber machen kann.

Eigene Erfahrungen

„Ein Züricher und ein Berner gehen in den Weinberg, um Schnecken zu sammeln. Nach kurzer Zeit hat der Züricher sein Körbchen voll, der Berner hat noch keine im Korb. Auf die erstaunte Frage, wie das denn komme, erzählt er, eine habe er ja schon gehabt, aber die sei ihm dann wieder durchgebrannt, als er beinah die zweite gefangen hatte. Und jetzt sind beide weg."

Es gibt unzählige Witze dieser Art: über die Schwaben, die Bayern, die Ostfriesen, die Preußen. Und mit jedem Witz wird eine bestimmte Eigenart dieses Stammes ins Visier genommen, von der man sagt, sie sei „typisch". Wir sind uns natürlich der großen Unterschiede zwischen den Individuen dieser Gemeinschaft bewusst – und pflegen doch gerne das Bewusstsein dieser Stammes-Merkmale weiter.

Dasselbe gilt für die großen Städte. Jeder weiß, dass „der Geist" – so sagen wir! – von Hamburg ein völlig anderer ist, als der von

München und der Geist von Köln sich um Meilen unterscheidet von dem Geist von Nürnberg oder Stuttgart. Und vollends gilt dies, wenn wir über die Unterschiede der Völker oder Rassen sprechen. Wir wehren uns zwar gegen „solche Vorurteile" und „blöden Klischees", aber bleiben nichts desto weniger bei unserer Einschätzung von „Amerikanern", „Türken" oder „Polen". Meist sind es die Eigenschaften, die uns fremd erscheinen, die wir nicht verstehen und darum ablehnen. Bei „typisch deutsch" sind wir dann meist etwas gnädiger.

Dies zeigt, dass wir ein sehr lebendiges Empfinden haben von der Realität der „corporate identity" verschiedener Kollektive in deren jeweiliger Eigenheit und Unterscheidung von anderen.

Abendländische Einwände

· Diese „kollektive Identität" als personal zu begreifen, fällt uns Abendländern schwer, da wir Wirklichkeit analytisch erfassen, d.h. in Einzelteilen, in Individuen, als in sich unteilbaren Einheiten (in-dividuus = un-teilbar) – ganz im Gegensatz zu anderen Kulturkreisen z. B. Afrikas oder Asiens.

Erst in den letzten Jahren bildete sich auch bei uns die Erkenntnis heraus, dass „das Ganze mehr ist als die Summe seiner Teile", d. h. es gibt da im lebendigen Organismus (biologisch oder soziologisch verstanden) noch etwas Geheimnisvolles, quasi Personales, das mehr ist als die erkennbare Summe der Einzelteile. Die Synthese ist mehr als die Addition. Biblisch lässt sich diese Erkenntnis gut an den Sendschreiben der Offenbarung aufzeigen. (Kap 2+3)

Jedes Sendschreiben geht an eine Gemeinde, also an eine Gruppe von vielen (Plural). Dennoch wird der Brief aber immer an „den Engel der Gemeinde in..." gerichtet (Singular). In diesem „Engel" (es ist exegetisch nicht zu klären, ob damit ein Mensch oder tatsächlich ein Engelwesen gemeint ist) verdichtet sich in jedem Fall die „corporate identity" der Gemeinde personal. Dass dies so ist, wird deutlich, wenn mitten in seinem Brief der Herr dann plötzlich auch Einzelpersonen oder Untergruppen in den Blick nimmt und anspricht, daneben aber die Anrede an das Ganze und seine Identität (den „Engel") bleibt.

Kap 2,15ff (Pergamon): „*So hast du auch Leute, die sich an die Lehren der Nikolaiten halten. Tue Buße; wenn aber nicht, so werde ich bald über dich kommen und gegen sie streiten mit dem Schwert meines Mundes*". Dasselbe bei Sardes Kap 3,3 und 4ff u. a.

- Was uns Abendländern auf Grund unseres monadischen Denkens ebenfalls schwer gefallen ist und uns naturwissenschaftlich wie theologisch erst lange nach der analytischen Betrachtungsweise in den Blick kam, das ist die Bedeutung der Regelkreise. „Regelkreise" sind einfach Individuen oder Einzelteile (im weitesten Sinn), die durch den Schöpfer voneinander abhängig gemacht worden sind und die leiden oder absterben, wenn ein Teil aus dem Zusammenhang des Regelkreises heraus gebrochen wird. In der Biologie hat man das schon früher erkannt; die Naturvölker haben diese Schau der Welt schon immer gehabt. Die Theologie hat diese Betrachtung der Schöpfung als einen Zusammenhang vor allem über das Wirken des Heiligen Geistes in ihr begriffen. Hier sind Theologen wie Jürgen Moltmann[5] bahnbrechend gewesen.

Wie schwer unserem analytischen Denken dieses Denken in Regelkreisen fällt und wie wir dadurch unwillkürlich in Spannung geraten zum Denken der Bibel, das diese Zusammenhänge natürlich kennt, sei noch an zwei Beispielen erläutert.

(a) Unzählige Male wird im Alten Testament das Volk Israel von Gott auf den Zusammenhang hingewiesen, der zwischen ihrer Sünde und der Dürre und Unfruchtbarkeit des Landes besteht. Das Land ist durch ihr Tun verunreinigt. Und umgekehrt (5. Mose 28,1ff): „*Wenn du nun der Stimme des Herrn deines Gottes gehorchen wirst... werden alle diese Segnungen dir zuteil: ... Gesegnet wird sein der Ertrag deines Ackers und die Jungtiere deines Viehs...*"

Auf diesen Regelkreis zwischen dem Verhalten der Menschen und dem Ergehen der Mitgeschöpfe verweist auch das Neue Testament, wenn Paulus Röm 8,19ff von dem Seufzen der Kreatur schreibt, die ängstlich wartet auf die volle Offenbarung der Kinder Gottes.

---

[5] Jürgen Moltmann, Der Geist des Lebens. Eine ganzheitliche Pneumatologie. Chr. Kaiser Verlag, München, 1991

(b) Der andere Regelkreis, den wir als Totalzusammenhang auch schwer begreifen, ist das Geheimnis der Kirche. Paulus versucht verschiedentlich diese „corporate identity" und ihr inneres Geheimnis im Bild des Leibes darzulegen (Röm 12; 1. Kor 12; Eph 4) Im Leib hängt alles mit allem zusammen. Jeder weiß das! Paulus: *„Wenn ein Glied leidet, so leiden alle Glieder mit."* Und wie ist das mit der Sünde? Geht es nicht als Leiden die ganze Kirche an, wenn einzelne oder Gruppen oder ganze Konfessionen sündigen? Sind das dann plötzlich – abendländisch analytisch gedacht – gleich wieder „die anderen", von denen ich mich „distanziere"? Auch hier ist für unseren Begriff von Kirche („Ekklesiologie") entscheidend, ob wir den Zusammenhang, die Kohärenz als Grundprinzip des Schaffens Gottes begriffen haben oder ob wir typisch abendländisch diese Bibelstellen überlesen. Die Schrift könnte uns im anderen Fall zu einer fruchtbaren Kultur- und Wissenschaftskritik verhelfen.

Nebenbei könnte uns das Erkennen dieses elementaren Zusammenhangdenkens auch zum Verständnis von „Stellvertretender Buße" als einem geistlichen Grundprinzip im Regelkreis der Kirche verhelfen.

Zusammenfassung

Schöpfungstheologisch steht fest, dass Gott alle Völker geschaffen hat (Ps 86,9). Und er liebt sie, wie die Geschichte des verschonten Ninives zeigt (Jona 4,11). Darüber hinaus ist biblisch belegt, dass Gott Völker „per Du" anspricht, d. h. als Personen betrachtet mit ansprechbarer Verantwortlichkeit. Diese Individualisierung der Völker als „corporate identities" erlaubt im nächsten Schritt die Annahme, dass Gott auch diesen Identitäten einen je spezifischen Zweck zugeordnet hat, d. h. sie mit einer Absicht geschaffen und damit unter eine bestimmte Berufung gestellt hat.

Die Definition von Völkern und Gesellschaften als Identitäten in Gottes Augen, erlaubt nun die Übertragung der 3-Schritt-Methode auf die kollektiven Identitäten der Völker. Können mit Hilfe dieser Kriterien Individuen den Zielpunkt ihrer Existenz, d. h. ihre Berufung allmählich erkennen, so ist zu vermuten, dass mit dieser Methodik auch ein Zugang zum „redemptive purpose" der Völker gefunden werden kann. Dies soll nun im nächsten Schritt gezeigt werden.

ÜBERTRAGUNG DES IDENTITÄTSBEGRIFFES AUF VÖLKER II: DIE 3-SCHRITTE-METHODE

Wolfram Kopfermann schreibt: „Wenn man eine derartige Frage (nach der Erlösungsabsicht Gottes mit Völkern) stellen würde, wäre man ausschließlich auf menschliche Vermutungen oder so genannte prophetische Eindrücke angewiesen" (c-report a. a. O. Seite 10).

Nach den bisherigen Überlegungen zur Identität und Berufung bei einzelnen Menschen scheint es mir entgegen von Kopfermanns Meinung möglich zu sein, systematischer an die Beantwortung dieser Frage herangehen zu können. Vielleicht gelingt es ja, sogar so etwas wie eine Methodologie zur Erkenntnis des „redemptive purpose" von Völkern vorzulegen.

Im Folgenden werden nun die drei Kategorien, die für den Aufbau einer individuellen Identität notwendig sind, überindividuell auf die kollektive Identität von Völkern angewandt. Wie beim Einzelnen, so ist auch hier nicht bei jedem Volk jede Kategorie gleich fruchtbar anwendbar.

Der Name

Jedes Volk hat einen Namen, den es sich entweder selber gegeben hat oder den ihm andere gegeben haben. Der Name kann sich auf das Gebiet beziehen, aus dem sie kommen (Moabiter aus Moab, Germanen aus Germania) oder auf den Hauptstamm dieses Gebietes (Römer aus Italia, les Allemands aus Allemagne = Allemannen). Manchmal gibt ein Siegervolk dem Land einen neuen Namen (aus Gallien wird Franken-reich) oder der Eroberer bzw. Entdecker wird zum Namensgeber (Rhodesien von Cecil Rodes bzw. Amerika von Amerigo Vespucci).

Andere Länder haben ihren Namen von ihrer geografischen Lage (Nederlande) oder ihrem Hauptwirtschaftszweig (Schweizer =

Senner) bekommen. Manche Länder haben mit der Befreiung von den Kolonialmächten ihren Namen geändert (von Niederländischen Indien zu Indonesien, von Rhodesien zu Zimbabwe).

Bedingt durch die Geschichte, durch Fremd- oder Selbstbezeichnung gibt es Länder, die zwei oder drei Namen haben (Britain/ England; Germany/Allemagne/Deutschland).

Die Aufzählung zeigt, wie „zufällig" die meisten Völkernamen sind. Bedeutung haben am ehesten die selber gewählten Namen wie Zimbabwe, Zaire oder Deutschland.

Aber wurden die Eigennamen, die wir tragen, uns nicht auch ohne unser Dazutun von außen, von unseren Eltern gegeben? Und waren die Auswahlkriterien weniger zufällig? Beim einen war es der Klang des Namens, beim anderen irgendein Verwandter oder gar ein Idol jener Zeit, beim dritten die Bedeutung des Namens oder eine Glaubensüberzeugung.

Und doch ist für jeden sein Name von Bedeutung. Weshalb? Weil er weiß: ich gehöre zu diesem Namen, dieser Name bin ich. Um diesen Namen herum baut sich seine Identität auf. Es braucht einen Namen, um „Ich" sagen zu können, um ein Bewusstsein von Identität entwickeln zu können.

So auch bei den Völkern!

Wie ein Name zustande kam und was er bedeutet, spielt in den meisten Fällen keine Rolle. Wichtig ist viel mehr, dass da überhaupt ein Name ist, ein Name, mit dem man sich selber bezeichnen und mit dem einen andere nennen können. Mit anderen Worten: der Name des Landes bzw. einer Nation umschließt das gesamte „Wir"-Gefühl eines Volkes, seine Kultur, seine Sprache, seine Wesenszüge, kurz seine Identität.

Dass dabei die Staatsgrenzen z. T. mitten durch Stammesgebiete hindurch gezogen wurden, ist nicht nur das Schicksal der afrikanischen Staaten als ehemaligen Kolonien, denn das war zu allen Zeiten so: Die Elsässer sind Alemannen wie die Südschwarzwälder und die Schweizer. Die Ostfriesen haben mit den Friesen in Holland mehr gemeinsam in Sprache und Kultur als mit den Bayern. So zeigt sich auch bei den „Kolonialländern" Afrikas, dass sich z. B. die Ugander deutlich als Ugander fühlen gegenüber den Ruandern oder Burundesen oder Kongolesen, obwohl sie stammesmäßig doch z. T. miteinander verbunden sind als Hutu, bzw. als Tutsi.

Die letztere Beobachtung zeigt, wie sehr die Entwicklung eines Wir-Gefühls, d.h. einer nationalen Identität, mit den Grenzen eines Landes und mit der sich dann in diesen Grenzen entwickelnden Kultur und Geschichte zu tun hat. Wie schnell dieser Prozess einer neuen Identitätsbildung inklusive der Herausbildung von Besonderheiten und Charakteristika gehen kann, wenn neue Grenzen gezogen sind und eine neue Staatsgeschichte begonnen wird, erlebten und erleben wir als deutsches Volk schmerzlich seit der Wiedervereinigung 1990. Heute nach 12 Jahren herrscht die Meinung vor, dass wir mindestens eine Generation (25 Jahre) oder länger brauchen werden, um wieder eine neue, völlig gemeinsame Identität als Deutsche zu entwickeln.

Der Ort

Es leuchtet ein, dass auch die Lokalität, d. h. der geografische Ort, wo ein Volk lebt, die Menschen prägt und etwas bedeutet für seine Berufung in der Welt.

Ein Volk, das auf einer Insel lebt, umgeben von Meer, fühlt sich einerseits herausgefordert, das Meer zu durchkreuzen und in ferne Länder vorzustoßen und andererseits sich separat zu halten von den Völkern des Kontinents, vor dessen Ufern es liegt. So baute England ein weltumspannendes Imperium auf und verhält sich andererseits bis heute skeptisch gegenüber dem Kontinent.

Allein schon diese geografische Lage macht aus England etwas anderes als z. B. aus der Schweiz, ein Land im Herzen Europas, teilhaftig an drei internationalen Sprachen und wehrhaft geschützt durch riesige Berge.

So könnte man fortfahren: Polen, ein Pufferland zwischen Russland und Deutschland; oder die USA, ein Land, jedoch so groß wie ein Kontinent etc.

Aber auch der geografische Breitengrad, in dem ein Land liegt, bestimmt den Charakter eines Volkes bis hinein in die Laute seiner Sprache. Die Nordvölker, die dem langen Winter standhalten und ihren Lebensunterhalt dem kargen Boden oder dem Meer abtrotzen müssen, wie etwa die Isländer oder die Norweger, entwickeln eine ganz andere Art von Ausdauer als Südseevölker, bei denen ein ewiger Frühling herrscht. Die Sprache der Nordländer ist hart und konsonantenreich, die der Südseevölker voller Vokale und Diphthonge.

Dass Gott mit dem einen Volk etwas anderes vor hat als mit dem anderen, liegt auf der Hand und ist unbestreitbar.

Exkurs: Sind die Grenzen der Länder von Gott?

In den Psalmen, den Propheten und den Geschichtsbüchern hat sich Israel immer wieder mit dem Thema „Völker" auseinandergesetzt. Aber nur an vier Stellen wird ausdrücklich von der Entstehung der Völker und ihren Staatsgebieten gesprochen. Alle vier Stellen bezeugen dabei einen ausdrücklichen Gotteswillen mit den Völkern[6].

Die erste Stelle ist die sogenannte „Völkertafel" von 1. Mose 10. Dort wird aufgezählt, wie es nach der Sintflut weiterging: Gott segnete Noah und seine Söhne Sem, Ham und Japhet nochmals mit Fruchtbarkeit (9,1) – und dann beschreibt Kap. 10 wie sich die „Erde füllte" mit den Nachkommen dieser drei Noah-Söhne. „Damit ist der Gedanke der schöpfungsmäßigen Einheit der Menschheit in einer Klarheit ausgesprochen, die in der ganzen antiken Welt ohne Beispiel ist".[7] Weiter fällt an dieser Aufzählung der Völker auf, dass es hier keinen Mittelpunkt gibt – auch nicht Israel. Israel kommt nicht einmal vor. In dieser Neubesiedelung der ganzen Erde kommt das Schöpferhandeln Gottes zum Abschluss. „In der Völkerwelt ist ein Schöpfungsplan Gottes zur Verwirklichung gekommen."[8]

Israel hat an dieser Stelle darauf verzichtet, sich als Mittelpunkt der Völkerwelt herauszustellen. In der Linie Sem – Arpachschad – Schelach ist Israel zwar verborgen enthalten, wird aber selber nicht erwähnt. Israel konnte es also aushalten, schöpfungsmäßig nichts Besonderes zu sein – ein Volk, sogar ein geringes – in dem

---

[6] Für die ersten beiden Stellen lege ich Gerhard von Rad, Theologie des Alten Testaments, Bd. 1, 2. Aufl. 1958, S. 165-168 zugrunde.

[7] G. v. Rad, a.a.O., S. 165

[8] G. v. Rad, a.a.O., S. 166

Universum der Völker.[9] „Im Sinn des Schöpfungsglaubens gab es nichts, was Israel von den Völkern unterschied."[10]

Jeder Abschnitt in dieser Aufzählung endet mit dem Satz: „Das sind die Söhne Jafets/Hams/Sems nach ihren Geschlechtern, Sprachen, Ländern und Völker." (Kap. 10,5+20+31) Was heißt das? Es heißt: die jeweilige Identität wird als gottgegeben angesehen und in ihren Unterschieden (staunend[11]) dargestellt. Die Unterschiede, die die jeweilige Identität der Völker ausmachen, sind dieser stereotypen Schlussformel nach

* die Geschlechter, d. h. die sozialen Netze der Familien und Sippen d.h. der Name, der Identität und Identifikation ermöglicht;

* die Sprache, d. h. die nächst höhere Gruppen-Identität, in der Kommunikation möglich ist, gemeinsames Denken, Gebräuche und Ordnungen, kurz gesagt: die Kultur sich bildet;

* die Länder, d. h. die Staatsgrenzen, innerhalb deren Sicherheit und Schutz für den Bürger bestehen;

* die Völker, d. h. die Identifikation mit sich in der Begegnung mit den Nachbarn und ihrer Kultur. Neben der Selbstdefinition kommt hier die Definition durch die anderen in den Blick (lat. finis = Grenze) d. h. das Verflochtensein eines Volkes in die internationale Völkergemeinschaft.

Dieser Vers aus 1. Mose 10,31 ist die biblische Begründung der hier vorgelegten Methodologie. Sehr deutlich werden die Völker in ihrer Eigenheit (Identität) als gottgewollt genannt.

Dies war das positive Wort über die Entstehung der Völkerwelt in ihrer großen Zahl und Vielfalt, die staunend dargelegt wird.

Die zweite Stelle folgt unmittelbar danach. Es ist die negative Darstellung von der Entstehung der Völker aus dem Gericht Gottes: die Geschichte vom Turmbau zu Babel, in 1. Mose 11,1-9.

---

[9] „Hier hat also Israel ganz säkular dem Phänomen der Völkerwelt standgehalten, ohne es theologisch auf sich selbst zu beziehen". G. v. Rad, a.a.O., S. 166
[10] daselbst
[11] daselbst

Die Hybris der Errichtung eines Turmes *„dessen Spitze bis an den Himmel reiche"* (V 4) wird von Gott beantwortet, indem er ihre Sprache verwirrt. Dies treibt sie auseinander „in alle Länder". Die Völker sind hier gekennzeichnet als unterschiedliche Identitäten in sprachlich-kultureller und geografischer Hinsicht.

Es fällt bei dieser Stelle auf, dass anders als bei den bisherigen Gerichten Gottes über die Menschen, hier kein Gnadenhandeln die Gerichteten begleitet: Adam und Eva bekommen Kleider, Kain bekommt ein Schutzzeichen und die Sintflut endet in der Neubesiedlung der Erde. Nur diesem Gericht der Zerstreuung der Völker folgt kein Gnadenhandeln Gottes. Wirklich?

Doch! Mit der Erzählung von Abraham in 1. Mose 12,1-3 beginnt das Heil der Völker, beginnt die Heilsgeschichte Gottes mit der Welt!

Die dritte Stelle steht in 5. Mose 32,8. Sie nimmt Bezug auf die Geschichte von der Zerstreuung, blendet aber völlig aus, dass dies ein Strafgericht Gottes war. *„Als der Höchste den Völkern Land zuteilte, und der Menschen Kinder voneinander schied, da setzte er die Grenzen der Völker nach der Zahl der Söhne Israels"* (nach Luther).

Der Gedanke der 12-Teilung der Völkerwelt wird nirgends weiter ausgeführt. Wichtig ist daran allerdings, dass hier im Gegensatz zu 1. Mose 10 Israel sich als Mittepunkt und Maßstab für die Völkerwelt ansieht; Israel quasi als Modell für Gott in der Gestaltung der Welt.

Für die Betrachtung der Völker, d. h. für unsere Frage nach der biblisch begründbaren Rede von der Identität der Völker, sind folgende Beobachtungen wichtig:

- dass „der Höchste" höchstpersönlich, sozusagen eigenhändig den Völkern ihr Land zuteilt. Nicht nur Israel hat sein Land nach Gottes Willen erhalten, sondern auch die Völker. Israel unterscheidet sich von den Völkern darin, dass es zum Heilsträger für die Völker werden sollte, aber nicht darin, dass es ein Land bekommt. Das Besondere an dem „verheißenen Land" ist nicht das Land an sich, sondern, dass es zum einen zuvor verheißen war und seine Einnahme (bis heute!) eine Glaubensgeschichte, eine Geschichte mit Gott ist und zum anderen, dass seine Bewohner unter göttlicher Berufung stehen. Dadurch wird auch das Land besonders.

- Nochmals: Der Höchste hat auch den Völkern ihr Land zugeteilt – und damit einen bestimmten Faktor ihrer Berufung klar festgelegt.

- Zum anderen wird die Unterscheidung zwischen den Kulturen ganz neutral erwähnt, aber deutlich als Handeln Gottes festgestellt. („Gott schied der Menschen Kinder").

- Auch die Festlegung der Staatsgrenzen wird als ein göttlicher Akt beschrieben, die den Menschen damals sehr bewusst war, trotz aller geschichtlichen Zufälligkeit bei ihrer Entstehung.

Die vierte Stelle steht im Neuen Testament. Paulus greift in seiner Rede auf dem Areopag in Athen auf diese alttestamentlichen Stellen zurück.

Apg 17,26f *„Und er hat aus einem Menschen das ganze Menschengeschlecht gemacht, damit sie auf dem ganzen Erdboden wohnen, und er hat festgesetzt, wie lange sie bestehen und in welchen Grenzen sie wohnen sollen, damit sie Gott auch suchen sollen, ob sie ihn wohl fühlen und finden könnten."*

Diese Stelle wiederholt die Einheit des Menschengeschlechtes und den Auftrag zur Gesamtbesiedelung der Erde. Ebenso die Grenzen der Völker als göttliche Setzung.

Neu sind hier zwei andere Aspekte:

- Gott bestimmt nicht nur die geografische Existenz eines Volkes, sondern auch seine historische Existenz. Er bestimmt den Weg der Geschichte eines Volkes bis zu dessen Erlöschen. Illustration dafür hatte Paulus in den Weltreichen, deren Aufstieg und Verfall in Daniel 2 und 7 beschrieben sind, was den Zuhörern durchaus bewusst war und dem auch nicht widersprochen wurde. Wichtig für die Frage der Identität ist hier die Feststellung, dass die Geschichte eines Volkes, die mehr als alles andere dessen Identität bestimmt, präzise unter Gottes Leitung gesehen wird.

- Völlig neu ist bei Paulus der Aspekt der religiösen Verantwortlichkeit der heidnischen Völkerschaften. Diesen Gedanken führt er in Röm 1 dann aus, dass Gott nämlich in seinem Schöpfungshandeln erkannt werden kann. Dies ist für das Finden der Berufung von

Nationen wichtig, da es ja sinnlos wäre, sie zu bestrafen für etwas, was sie gar nicht als Gottes Handeln erkennen konnten. Nun sagt Paulus aber, dass die Völker sehr wohl „Gott suchen" können. Dies muss mit Hilfe der Erkenntnis der Schöpfung, d. h. aus der geografischen Lage der Nation und dem Weg ihrer Geschichte wenigstens so weit möglich sein, dass sie ihn „wohl fühlen" können. Dies ist noch keine personale und inhaltliche, biblisch gefüllte Gotteserkenntnis, aber eine Vorstufe dessen („Uroffenbarung").

Wenn nun Kinder Gottes in diesem Land wohnen, können diese den anderen helfen, Gott auf dem Weg der Verortung und der Geschichte in Gericht und Gnade, „zu finden". Das ist der Sinn prophetischer Interpretation von Tagespolitik als göttlichem Heilsgeschehen in diesem Land. („Wächterruf").

Mit Paulus ist solch ein Interpret Gottes unter ihnen in Athen. Darum setzt er ermutigend hinzu: „Fürwahr, er ist nicht ferne von einem jedem unter uns".

Bevor er ab V 31 zum Heilshandeln Gottes in Christus übergeht, setzt er also voraus, dass über das Schöpferhandeln Gottes an den Nationen Gotteserkenntnis bis zu einem bestimmten Grad möglich ist, Erkenntnis des Willens Gottes mit diesem Land.

Über diese vier Stellen zur Existenz und Identität der Völker nach Gottes gutem Willen, seien noch einige weitere Worte des Alten Testaments zitiert, aus denen das große Interesse Gottes und seine Liebe zu den Heidenvölkern spürbar wird.

Sach 2,15 *„Und es sollen zu der Zeit viele Völker sich zum Herrn wenden und sollen mein Volk(!) sein".*

Ps 22,28 *„Es werden gedenken und sich zum Herrn bekehren aller Welt Enden, und vor ihm anbeten alle Geschlechter der Heiden."*

Jona 4,11 *„Dich, Jona jammert die Staude ... und mich sollte nicht jammern Ninive, eine so große Stadt, in der mehr als hundertzwanzigtausend Menschen sind, die (moralisch) nicht wissen, was rechts und links ist ..."*

Ps 47,9.10 *„Gott ist König über die Völker ... Die Fürsten der Völker sind versammelt, als Volk des Gottes Abrahams(!)"*

Ps 67,4 *„Es danken dir, Gott, die Völker, es danken dir alle Völker"*
(siehe auch Ps 96)

Ps 86,9 *„Alle Völker, die du gemacht hast(!), werden kommen und
vor dir anbeten und deinen Namen ehren".*

Sach 11,10 *„meinen Bund, den ich mit allen Völkern geschlossen
hatte."*

Der biblische Befund zeigt also:
Neben dem Makrokosmos und dem Mikrokosmos hat Gott auch den
Anthropokosmos geschaffen:

➲ Den einen Menschen Adam und seine Geschichte

➲ Alle Völker (corporate identity) und ihnen den Ort ihres Woh-
nens gegeben und ihre Geschichte

Er hat sie in all ihrer Unterschiedlichkeit geschaffen, damit sie alle(!)
(1) kommen, um (2) anzubeten vor ihm, d. h. Gott verherrlichen. Sie
sind mit bestimmten Gaben ausgestattet, die sie in den Kosmos der
Völker einbringen sollen.

„Gott ist König über alle Völker" – nicht nur über Israel. Das ist
die universale Perspektive der biblischen Offenbarung.

Die Zeit

Die Geschichte eines Volkes ist wohl die unter den drei Kategorien,
aus der die Berufung eines Volkes am leichtesten abzulesen ist.
Dazu eine Reihe von Fragen, deren Beantwortung ein Bild der Nation
und ihrer Berufung entstehen lassen kann.[12]

· Vergangenheit – was geschah?

· Gegenwart – was ist?

· Zukunft – welche Perspektiven?

Vergangenheit

· Was hat dieses Volk immer wieder gegenüber anderen Völkern
gekennzeichnet?

· Worin ist dieses Volk schon öfter eine Hilfe für andere Völker
gewesen?

---

[12] vgl. zum Folgenden die Materialien von Ailistar Petri, Gerda Leitgöb u. a.

- Wo war dieses Volk eine Last für sich selber und auch für andere? Oder gar ein Fluch?
- Welche Verletzungen hat dieses Volk evtl. immer wieder erlebt und ist davon geprägt worden? Wie ist das bearbeitet worden? Unschuldig vergossenes Blut verhindert mit am stärksten, dass ein Volk seine Berufung erkennen und darin leben kann.
- Wonach sehnt man sich in diesem Volk am meisten? Bei welchem Stichwort gehen die Herzen der Menschen in diesem Land sofort auf?
- Welche geschichtlichen Abschnitte nennt dieses Volk als Höhepunkte, welche als Tiefpunkte seiner Geschichte? Was waren die historischen Folgen daraus?
- Welche Denkmäler der Geschichte hat sich dieses Volk bzw. seine Herrscher gesetzt?

Gegenwart

- Welche drei Eigenschaften nennen die Bewohner dieses Landes als „typisch" für sie? Gibt es einen Zusammenhang unter diesen Charakteristika und evtl. einen dahinter liegenden Zentralbegriff?
- Welches Verhältnis haben die Bürgerinnen und Bürger dieses Landes zu ihrem Landesnamen? Zu ihrer Flagge? Zu ihrer Hymne? Zu welchen Anlässen werden diese nationalen Symbole eingesetzt?
- Welches sind die drei Top-Werte in der Werteskala dieses Volkes? Gibt es auch die Perversionen dieser Werte?
- Gibt es Sitten und Bräuche, die für dieses Volk bezeichnend sind?
- Gibt es Sprichwörter, Witze, Ausdrücke, evtl. Lieder und Gedichte, die das Volk über sich selber macht oder die andere über dieses Volk machen?
- Welche Rolle spielt Religion und Glauben in diesem Volk? Welchen Einfluss übt der Glaube auf das Leben der Menschen aus?

Zukunft

- Welche Grundstimmung herrscht in diesem Land? Wie denkt man über die eigene Nation?

- Welche Aussagen machen die Bürger dieses Landes über ihre Hoffnungen – persönliche und für ihr Land?

- Welche Ressourcen hat dieses Land? (Werte, Menschen, Erfahrungen, Fleiß, Geld, Rohstoffe, Begabungen etc.)

- Welche Blockaden sind in diesem Land am größten? Was verhindert eine günstige Zukunftsentwicklung am meisten?

ÜBERTRAGUNG DES IDENTITÄTSBEGRIFFS AUF VÖLKER III: TYRUS UND ÄGYPTEN

Anwendung der 3-Schritte-Methode

Immer wieder haben sich, vor allem die „großen" Propheten in den so genannten „Völkersprüchen" zu den Völkern um sich herum geäußert. Ja, Gott hat mit Gerichts- und Gnadenworten auch den Nationen um Israel herum etwas zu sagen. Wir beziehen hier vor allem die Worte der Propheten Jesaja, Jeremia und Hesekiel ein. Aus der Fülle der angesprochenen Völker wie Assur, Babel, aber auch Edom, Moab, Ammon oder den Philistern greifen wir zwei Nationen heraus: Tyrus und Ägypten – eine mittlere und eine Großmacht jener Tage. Es geht darum, mit Hilfe der 3-Schritte-Methode in die Texte hinein zu hören und zu fragen: Was wird vom „Image" dieses Volkes sichtbar? Gibt es Hinweise auf eine göttliche Aufgabe dieser Nationen („Berufung") – ggf. auch in Gestalt von Pervertierungen? Wo setzt die Kritik Gottes an diesem Volk an?[13]

---

[13] Übersetzungen nach Luther (L), Züricher (Z).

Tyrus

Konstitutiv für das Bild von Tyrus, wie es sich selber sah und wie andere Tyrus sahen, ist seine geografische Lage auf einer dem Festland vorgelagerten Insel im Meer.

Selbstaussage:
„Ein Gott bin ich! Auf einem Göttersitz throne ich mitten im Meer!"
(Z)(Hesk 28,2)

Fremdaussage:
„Alle Fürsten am Meer werden über dich ein Klagelied anstimmen und von dir sagen: „Ach, wie bist du zugrunde gegangen, du berühmte Stadt, die du am Meer lagst und so mächtig warst auf dem Meer ..."
(L)(Hesk 26,17).

Diese geografische Lage gewährte Tyrus den Schutz einer Wasserburg. Zugleich war diese Lage auch eine naturgegebene Herausforderung zur Schifffahrt und daraus ergab sich die Möglichkeit zum Handel. Hesk 27 beschreibt ausführlich und fasziniert, mit welchen Völkern und mit welchen Gütern Tyrus Handel trieb. Tyrus schaffte die Waren „der Inseln" (Hesk 27,15) herbei und verkaufte sie an die Festlandvölker bis nach Arabien (27,21), ins Zweistromland (27,23) und Persien (27,10;23). Tyrus war eine Handelsmetropole, hier traf sich die Welt.

Dies bedeutete unermesslichen Reichtum und höchste Kultur in Architektur und Künsten von sprichwörtlicher Schönheit. So ist es nicht erstaunlich, dass sich Tyrus als nationales Symbol ein Luxusschiff wählte.

Tyrus, du hast gesprochen:„Ein Prachtschiff bin ich, vollendet schön".
(Z)(Hesk 27,2)

Diese Selbstaussage nimmt der Prophet auf und beschreibt im Rahmen dieser Allegorie detailliert die Hochkultur der Phönizier.

Der Handel hatte außer dem wirtschaftlichen Reichtum noch zwei weitere Konsequenzen, eine politische und eine kulturprägende: Die phönizischen Kaufleute entwickelten im Laufe der Zeit offensichtliche eine für sie bezeichnende Klugheit, einen scharfen Verstand, ja auch große Weisheit (was sicher mit ihrem Welthorizont zu tun hatte). Daneben bedeutete von der Politik her gesehen die wirtschaftliche Vorherrschaft natürlich auch Macht und Dominanz, mindestens auf dem Meer. Dies zeigen die Worte aus Hesk 28,3-5:

„Ja, wahrlich, du bist weiser als Daniel, alle Klugen reichen nicht an dich heran (Z), und durch deine Klugheit und durch deinen Verstand hast du dir Macht erworben und Schätze von Gold und Silber gesammelt und hast durch deine große Weisheit/Klugheit, durch deinen Handel deine Macht/Reichtum gemehrt" (L/Z).

Wie denkt nun Gott darüber? Was ist die Perspektive des Höchsten über Tyrus?

Zwei Grundaussagen werden in Hesk 28,12-15 getroffen:

- Jahwe hat Tyrus geschaffen

- Jahwe wollte, dass diese Stadt ein solches Maß von Weisheit, Schönheit und Reichtum besitzt, wie sie es hat.

Es ist bewegend zu lesen, wie Gott sich geradezu begeistert an der Pracht dieser Stadt und keinerlei bitterer Beigeschmack schwingt in der Beschreibung der göttlichen Berufung dieser Stadt mit.

So spricht Gott Jahwe: „Du warst das Abbild der Vollkommenheit, voller Weisheit und über die Maßen schön. In Eden warst du, im Garten Gottes, geschmückt mit Edelsteinen aller Art, mit Sarder, Topas, Diamant, Türkis, Onyx, Jaspis, Saphir, Malachit, Smaragd. Von Gold war die Arbeit deiner Ohrringe und des Perlenschmucks, den du trugst. Am Tag, als du geschaffen wurdest, wurden sie bereitet." (L)

Kann man den expliziten Schöpferwillen bei der Erschaffung einer Nation noch klarer ausdrücken?

Dem schützenden Cherub gesellte ich dich bei...

Die großartige Sicherheit einer „Wasserburg" wird hier geistlich gedeutet d. h. es war Gottes erklärter Wille, dieser auserwählten schönen Stadt göttlichen Schutz zu gewähren.

... auf dem heiligen Gottesberg; (Z)

Der Felsen im Meer wird einmal zum „Garten Gottes" (s. o.) und hier zum Ort, wo Gott thront (dem Zion vergleichbar?). So nah an der Gegenwart Gottes – und das als heidnisches Volk!

... du warst inmitten feuriger Steine (Z).

Der Sinn dieser Worte ist nicht ganz klar. Aber in jedem Fall ist es ein Platz, wie ihn nur Gottes Lieblinge einnehmen dürfen.

Du wandelst unsträflich in deinen Wegen von dem Tag deiner Erschaffung an ...(Z)

Es gab also eine Zeit, in der Tyrus in seiner göttlichen Bestimmung war und sich nach Gottes Wohlgefallen verhielt.

Obwohl ohne Erkenntnis Jahwes via Israel tat Tyrus offensichtlich doch den Willen Gottes – ein alttestamentliches Zeugnis für den Gedanken, den Paulus in Röm 1,19.20 und in Apg 17,27 ausdrückt, dass nämlich Gotteserkenntnis aus den Werken der Schöpfung möglich ist.

Dass dies allerdings keine Vermittlung des göttlichen Heils ist, führt Paulus an beiden Stellen im Weiteren aus. Dies wird auch deutlich, an Tyrus:

... bis Unrecht an dir erfunden ward. Bei deinem mächtigen Handel fülltest du dein Inneres mit Frevel und versündigtest dich. Da stieß ich dich aus dem Heiligtum des Gottesberges hinaus und es treibt dich der schützende Cherub aus der Mitte der feurigen Steine hinweg. Dein Herz hatte sich überhoben ob seiner Schönheit, du hast deine Weisheit um deines Glanzes willen zerstört"(Z).

Nicht die Pracht dieser Stadt ist ein Anstoß für Gott – nein, er selbst hat sie Tyrus ja verliehen – sondern dass sie sich überhob (28,2.7):

Weil sich dein Herz überhebt und spricht: „Ich bin ein Gott! Ich sitze auf einem Göttersitz mitten im Meer!" während du doch ein Mensch und nicht Gott bist. Darum siehe, ich will die Gewalttätigsten unter den Völkern schicken; die sollen ihr Schwert zücken gegen deine schöne Weisheit und sollen deinen Glanz entweihen. (26,14) Und ich will einen nackten Felsen aus dir machen, einen Platz, an dem man Fischnetze aufspannt und du wirst nicht wieder aufgebaut werden."(L)

Die ewige Versuchung des Menschen ist, sein zu wollen wie Gott. Eigentlich alle antiken Kulturen – außer Israel – vor allem die Großreiche erlagen dieser Versuchung. Von Assur bis Rom schrieben sich die Herrscher göttliche Qualitäten zu. Und Jahwe hat jedes dieser Reiche trotz größter Machtentfaltung vergehen lassen (vgl. Dan 2,29-45). Außer Israel.

So hat Gott von Tyrus seinen schützenden Cherub weggezogen und es – wie Adam und Eva – aus dem Garten Eden, dem Gottesberg, vertrieben. Er setzt ein Ende, das in schauerlicher Weise das Gegenbild zum ursprünglichen Bild darstellt, das Gott von dieser Stadt hatte: was bleibt, ist ein nackter Felsen, gut genug zum Netze trocknen.

Der Gott der Geschichte entzieht dieser Stadt ihre Zukunft: „Du sollst nicht wieder gebaut werden". Das ist das Gericht.[14]

Zusammenfassung

Tyrus war unbestritten eine göttliche Kreation. Ihr war von Gott – ebenso unbestritten – eine besondere Stellung in der Völkerwelt zugedacht („Berufung"), die sie auch offensichtlich zu Gottes Wohlgefallen einige Zeit ausfüllte – bis sich Tyrus überhob und den Weg aller vorderasiatischen Machtzentren ging und sich göttlich hypostasierte. Darauf tritt dann mit absoluter Folgerichtigkeit Gottes Gericht ein. *„Gott stößt die Gewaltigen vom Thron und zerstreut die hoffärtig sind"* (Lk 1,51;52).

Es sei denn, sie beugen sich vor Gott und tun Buße. Das Beispiel von Ninive (Jona 4,11) zeigt, dass Gott auch ein heidnisches Volk gerne verschont, wenn es umkehrt. Ja, noch mehr, dass er Sodom und Gomorrah verschont hätte, wenn sich dort zehn Gottesfürchtige gefunden hätten.

Tyrus als Beispiel bestätigt die These, dass Gott mit Völkern einen „purpose", einen göttlichen Gedanken bei ihrer Erschaffung hat als Aufgabe und Berufung. Ebenso, dass die Völker diesen „Zweck" ihrer Erschaffung leider eigensüchtig verunstalten, was Gott bestrafen muss. Aber die Absicht Gottes bleibt konstant – und hier endet die Geschichte von Tyrus, weil es noch keine Wiederherstellung gab, noch keine Erlösung durch Christus, noch keinen „redemptive purpose".

---

[14] weitere Stellen zu Tyrus: Jes 23

Ägypten

Die geografische Koordinate dieses Landes, um die sich alles dreht, ist der Strom Nil.

„Pharao, du großer Drache, der du in deinem Strom liegst"(L)(Hesk 29,3)

„Pharao, du warst wie ein Drache im Meer und schnaubtest in den Strömen und machtest die Ströme trübe" (L)(Hesk 32,2)

Der Strom bedeutet für Ägypten Ackerbau und Viehzucht (Jes 19,7), Fischerei (V 8) und Flachsanbau, mit anschließender Webindustrie für Leinen mit Lohnarbeit verbunden (V 9f).

Anders als in Tyrus gibt es hier eine Kaste, die sich als „Räte" am Hof Pharaos aufhalten darf, professionelle Weise, die ihre Weisheit aus der langen Tradition dieses uralten Kulturvolkes ableiten (Jes 19,11):

„Ich bin ein Sohn von Weisen und komme von Königen der Vorzeit her" (L)

Ebenso ist Ägypten aber auch bekannt für seine Zauberkünste (vgl. dazu die Mose Geschichten 2. Mose 7,11ff):

Da werden sie dann fragen ihre Götzen und Beschwörer, ihre Geister und Zeichendeuter (L)(Jes 19,3)

Ägypten ist Großmacht. Es ist eines der zahlenmäßig größten Völker (*„Pharao und seine Menge"*(Z)(Hesk 31,2; 32,12;16;18;20). Viele Völker suchen beim Pharao Schutz (Hes 31,6) und eine ausgedehnte Bündnispolitik verpflichtet Kusch, Put, Lud, Kub u. a. zu Tributen und Geschenken (Hesk 30,5).

Dadurch entsteht Reichtum (Hes 30,4.10) und Eroberungsdrang bzw. ein unvermeidlicher Konkurrenzkampf um die Vorherrschaft im Vorderen Orient mit der anderen Supermacht jener Zeit: Babylon.

Wie bei Tyrus, so statuiert Gott auch hier, dass er Ägypten geschaffen und groß gemacht hat und sich auch daran freut. Hesekiel (31,2-11ff) fasst diese Perspektive Gottes in das Bild eines mächtigen Baumes in einem wasserreichen Garten.

Sprich zu Pharao und seiner Menge: Wem bist du gleich in deiner Größe? (Z) Siehe einem Zedernbaum auf dem Libanon mit schönen

Ästen und dichtem Laub und sehr hoch, dass sein Wipfel in die Wolken ragte. (L) Die Wasser hatten ihn groß gemacht, die Fluten ihn hochwachsen lassen; die ließen ihre Ströme fließen rings um seinen Standort und sandten ihre Kanäle über das ganze Feld. (Z)

Hier stehen der Nil und die ägyptische Landschaft vor Augen.

So ward er schön in seiner Größe (Z). So war ihm kein Zedernbaum gleich in Gottes Garten, ja er war so schön wie kein Baum im Garten Gottes. ICH hatte ihn so schön gemacht mit seinen vielen Ästen, dass ihn alle Bäume von Eden im Garten Gottes beneideten. (L)

Wieder steht der eindeutige Schöpferwille Gottes fest, diesem Baum unter den Völkern („im Garten Gottes") eine hervorragende Stellung zu geben, so dass ihn andere Fürsten beneiden. Und dann passiert wieder der charakteristische Knick in der Geschichte Gottes mit einer Nation:

Darum spricht Gott Jahwe so: Weil er hoch war an Wuchs und seine Wipfel bis in die Wolken reckte ...

d. h. sein wollte wie Gott (siehe Geschichte vom Turmbau zu Babel, 1. Mose 11,4)

... und weil er hochmütig wurde ob seiner Höhe (Z), darum gab ich ihn dem Mächtigsten unter den Völkern in die Hände, dass er mit ihm umgehe, wie es verdient hat mit seinem gottlosen Tun (L)

Wer dies ist, der Mächtigste, spricht Jeremia (Kap 46) aus. Zuerst V 1-12 zieht Pharao nach Norden („*Ägypten stieg empor wie der Nil*" V 8), verliert aber – trotz großer Sprüche – die Schlacht gegen Nebukadnezar bei Karkemisch (Z). Dann (V 13-26) setzt Nebukadnezar nach und zerstört Ägypten. Der Zedernbaum wird gefällt (Hesk 31,12-18) und seine Trümmer verstreut.

Auffallend ist aber, dass alle drei Propheten – anders als bei Tyrus – Ägypten im Namen Gottes nach der Katastrophe eine Zukunft zusprechen. Und Ägypten als Vormacht im Nahen Osten besteht immer noch!

Hesk 29,13f

Wenn die vierzig Jahre um sind, will ich die Ägypter wieder sammeln aus den Völkern und will das Geschick Ägyptens wenden (L).

Jer 46,26b

Aber danach soll das Land bewohnt werden wie vor alters, spricht Jahwe.

Die Gnadenzusagen gipfeln in den unvergleichlich schönen Worten des Jesaja (19,16-25):

Zu der Zeit wird Israel der dritte sein mit den Ägyptern und Assyrern, ein Segen mitten auf Erden. Denn der Herr Zebaoth wird sie segnen und sprechen: „Gesegnet bist du, Ägypten, mein Volk, und du Assur, meiner Hände Werk, und du Israel, mein Erbe!"

Zusammenfassung:

Ein Vergleich beider Völker:

- beide hat Gott geschaffen in ihrer nationalen Identität, die aber unterschiedlich ist:

- Tyrus zur Weisheit und multikultureller Schönheit,

  Ägypten zur Größe und politischen Macht;

- mit bedingt durch ihre geografische Lage als Ort in der Schöpfung Gottes;

- beide waren mit ihrer unterschiedlichen Berufung („purpose") ursprünglich im Wohlgefallen Gottes;

- beide wurden schuldig durch Rebellion gegen Gott in maßloser Selbstüberhebung, selber Gott sein zu wollen;

- über beide kam das Gericht Gottes in der Gestalt Nebukadnezars;

- Tyrus wird keine, Ägypten hingegen wird eine geschichtliche Zukunft noch einmal zugesprochen.

III.

DIE DEUTSCHE IDENTITÄT –
EINE ANDERS ANDERE NATION

Ist es denn sinnvoll im Angesicht wachsender transnationaler wirtschaftlicher Verbindungen und politischer Zusammenschlüsse, angesichts von Europäischer Union, deren tragender Pfeiler Deutschland war und sein wird, angesichts globaler Kommunikationsflüsse, Warenströme und Finanzmärkte noch von einer Nation oder dem Aufbau und Erhalt eines Nationalgefühls zu sprechen? Gleicht nicht die Kleidung eines Büroangestellten in Tokio der seiner Kollegen in Dar-es-salam, Rio, Berliner oder New York aufs Haar? Müssen sie nicht alle heute Englisch so gut beherrschen, dass sie sich aus dem Internet die Informationen besorgen können, die sie brauchen? Hat nicht die Musikszene international schon seit den Beatles völlig auf Englisch umgestellt – egal in welchem Land?

Aber genau diese Beobachtungen ergeben das Argument für den Erhalt des Nationalen[15]: globale Kultur – sei's Musik, Outfit oder Coca Cola – globale Kultur ist immer Vereinheitlichung, ist langweilig, meist oberflächlich und stumpft ab. „Der nationale Alzheimer grassiert" (E. Elitz) d. h. das krankhafte Vergessen, was zu meiner Identität gehört an Sprache, Tradition, Kultur und Geschichte. Nation ist der Ort, wo ich als Mensch herkomme und hingehöre, Wurzeln habe, zur Ruhe komme und daraus heraus kreativ werde.

Natürlich müssen wir lernen, in einer zusammenwachsenden Welt in größeren Zusammenhängen zu denken und zu leben. Aber frucht-

---

[15] Hierzu Ernst Elitz, Nationaler Alzheimer, Stuttgarter Zeitung/Sonntag aktuell o. D.

bar wird ein Zusammenschluss, farbig und interessant-kreativ – egal auf welcher Ebene – nur, wenn Individuen zusammenkommen, die etwas Eigenes mitbringen. Erst, wenn sie ihre Identität erkannt haben, wenn sie wissen, was sie mitbringen, wissen sie, was sie „ein-bringen" können. „Deshalb ist es für die Akzeptanz übernationaler Gebilde so wichtig, dass die Bürger mit sich und ihrer Nation im Reinen sind." (E. Elitz) Eine große Aufgabe für uns Deutsche – immer noch.

Christen haben hier aber noch ein zusätzliches Problem.

Ein Freund, der in England als Evangelist recht bekannt ist, blieb nach seinem Seminar, das er für uns gehalten hatte, noch über Nacht bei uns. Am Abend kamen wir ins Gespräch über die Frage, ob nationale Identität für Christen noch relevant sei. Er meinte ganz klar: Nein! Christen sind Bürger des neuen Reiches und damit wird ihre Zugehörigkeit zu einer irdischen Nation sekundär bzw. spielt gar keine Rolle mehr. Ich widersprach und versuchte ihm zu zeigen, wie gerade die kranke nationale Identität die Deutschen daran hindert, ihre Berufung im Reich Gottes voll wahrzunehmen.

Die gleiche Meinung begegnete mir bei einem französischen Bruder, der oft nach Deutschland kommt. Auch er meinte, nur dem Reich Gottes verpflichtet zu sein, wobei „das Französische" ihm aus allen Knopflöchern blitzte bzw. ihm „das Deutsche" an uns Deutschen auffallen ließ und ihm z. T. auch schwer fiel (wie er später dann auch zugab).

Daraus folgt: wir können gläubig sein so intensiv wie wir wollen, wir bleiben mit Sprache, Kultur und Geschichte immer Kinder unserer Nation. Nur „gesunde" Völker sind national, finden das aber normal und reflektieren sich darin überhaupt nicht. Sie geben sich dem Reich Gottes hin – und merken gar nicht, wie tief ihre Spiritualität von ihrem Herkommen durchtränkt ist. Deutsche hingegen, die die Erfahrung der unreflektierten Vermischung von Nationalgefühl und Spiritualität zwölf Jahre lang leidvoll an den „Deutschen Christen" im Dritten Reich erlebt haben, Deutsche können eben an dieser Stelle nicht mehr so frisch-fröhlich unreflektiert Deutsch-sein und Christ-sein vermengen.

Biblisch gesehen gilt für „Gesunde" und „Kranke":
Gott hat alle Völker geschaffen und ihnen eine nationale Identität geschenkt. Gott hat die Welt erlöst in Christus und sich aus allen

Völkern eine Schar „herausgerufen", die die internationale Gemeinschaft der Ekklesia/Kirche darstellt.

Gott der Schöpfer und Gott der Erlöser sind aber derselbe. Darum widerspricht die Erlösung nicht der Schöpfung. Auch löst die Erlösung die Schöpfung nicht ab oder auf: vielmehr stellt die Erlösung die Schöpfung wieder her und macht sie zu dem, was Gott mit ihr ursprünglich vor hatte („redemptive purpose").

So haben die Christen fröhlich Anteil an beidem: in ihrer Geschöpflichkeit einerseits an ihrer Nation, in ihrer Erlöstheit andererseits am Reich Gottes. Ihr Christsein wird geprägt von ihrer Nationalität und ihre Nationalität wird gereinigt durch ihr Sein-in-Christus. Die Deutschen müssen das Letztere, „die anderen" das Erstere im Blick behalten. Und beide sollen Gott danken.

Doch nun von der nationalen Identität allgemein zurück zur deutschen Identität im Speziellen. Wie kann man sie erkennen? Welche methodischen Zugänge brauchen wir, um möglichst klar den „redemptive purpose" unseres Landes in den Blick zu bekommen?

Die Drei-Schritte-Methode, Selbst- und Fremdaussagen und auch der Blick in Grundzüge unserer Kultur und Geschichte werden uns dabei helfen.

Was wir auch herausbekommen, wir müssen lernen, es zu akzeptieren, uns zu akzeptieren, in dem Wissen, dass Gott uns zum Segen setzen will.

DIE 3-SCHRITTE-METHODE

Name

Es ist interessant. Es wird wohl wenige Nationen in der Welt geben, die so viele verschiedene Namen haben wie wir.

Franzosen nennen unser Land Allemagne, die Spanier Allemania, die Engländer sagen Germany und die Italiener Germania, wenn sie aber „deutsch" meinen, sagen sie tedesco, die Nordeuropäer sprechen von tyskland und die Polen schließlich von den niemiecki wie die Russen von den nemec, d. h. den Stummen. Wir schließlich bezeichnen uns als Deutsche und unser Land als Deutschland.

Woher kommt das? Vermutlich hat es damit zu tun, dass unser Land in der Mitte Europas liegt und wir neun Nachbarn haben, von denen jeder seinen eigenen Namen für uns finden musste. Am jüngsten ist wohl der polnische Name für uns, der – so wurde uns erklärt – daher komme, dass die Deutschen, als sie zum 1. Mal nach Polen kamen, nichts verstanden und ganz stumm dagestanden hätten. (Vermutlich eine nette Volkserklärung)

Am ältesten ist der Name der „Teutonen". Sie waren zusammen mit den Kimbern der erste germanische Stamm, der in das Imperium Romanum feindlich eindrang, woraufhin der Limes als Grenzwall gebaut wurde. Später nannten die Römer das Gebiet aber Germania.

Den Nachbarn im Westen war der Stamm der Alemannen am nächsten; so nannte man das ganze Gebiet dann nach ihnen.

Wir sagen heute Deutschland, wobei Luther noch zwei Worte gebrauchte, z. B. „im deutsch lande"; „deutsch" hat sich entwickelt aus einem Wort, das Karl der Große (801) noch teodisce aussprach. Da hört man schon das nordische tysk und auch das Wort Teutonen heraus (vgl. auch Teutoburger Wald).

Welche Bedeutung haben nun diese alten Wörter?
Alle-mannen heißt vermutlich: alle Männer oder alle Menschen. So nannte sich eben dieser Stamm im Südwesten. Eine Nebenbedeutung, wenn man Al-(wie bei Al-mut) von „Adel" = „edel" ableitet, wäre: edle, vornehme Männer/Menschen.

Ger-mannen ist kein römisches Wort und von den Römern somit aus dem Mund ihrer Gegner übernommen. Ger-mannen sind die „Speer-Männer" also eine kriegerische Selbstbezeichnung dieser Stämme.

Die Linie deutsch – teod – teut führt auf ein altes germanisches Wort „theudo" zurück, das „Volk" heißt; teod – isce heißt „völkisch" und wurde von Karl dem Großen in der Lombardei gebraucht im Bezug auf seine Art zu reden, im Gegensatz zum Lateinischen und Welschen.

Was sagen diese verschiedenen Namen nun über unser Volk aus?

Germanen
Am deutlichsten ist die Selbstaussage, die diese Ger-Mannen über sich selbst machten. Sie verstanden sich als ein Volk von Kriegern. Krieg bedeutet immer: Eroberungen und Gebiete gewinnen wol-

len; bedeutet hartes Training und Ausdauer, weil davon das Leben abhing; bedeutet auch Genauigkeit in Waffenpflege und Waffengebrauch, weil davon alles abhängen konnte; ein Kriegsvolk hat eine strenge Rangordnung, mit einer bindenden Gehorsamsstruktur, die sich zwischen dem, der vor dem Heer zog (Herzog) und seinen Gefolgs-Mannen bildete und sich dann im sogenannten Lehenswesen ausprägte: ein gegenseitiges Treueverhältnis bis in den Tod. Zu einem Kriegervolk gehört auch oft ein unreflektiertes Draufgängertum, die Erfahrung von Sieg und Niederlage, mal oben, mal unten, oft unsicher seiner selbst: Wer bin ich? Kann ich das? Schaff ich das? Solch ein Volk ist eine ständige Bedrohung für seine Nachbarn, zumal in dieser geografischen Position. Ein Krieger hat ein ständiges Verhältnis zum Tod, zum Töten und Getötetwerden. Die Kelten waren ein lyrisches, singendes und religiöses Volk, die Germanen hingegen kämpften. Ihr Götterhimmel (immer eine Projektion der menschlichen Gesellschaft) war einfach und durchschaubar und ihre Lieder waren Heldenlieder (z. B. Hildebrandslied), gereimt nicht in wohlklingenden Endreimen, sondern in harten, unrhythmischen Stabreimen; selbst Christus musste diesen Ger-Mannen zuerst als Held präsentiert werden („Heliand"), sonst hätten sie der Botschaft von ihm erst gar nicht zugehört.

So sagt der Name Ger-Mannen erstaunlich viel aus über die Kultur, die Eigenart dieser frühen Bewohner Germaniens bis hin zu Kunst und Religion.

Deutsche

Bei den Franken findet sich das Wort theodisce zum ersten Mal. Es war die Rechtsprache z. Zt. Karls des Großen und hieß einfach: Sprache des Volkes (lingua theodisca), im Gegensatz zum Lateinischen oder Romanischen/Welschen. Schon der Sohn von Karl dem Großen, der die Osthälfte des Reiches als Erbteil erhielt, nannte sich Otto der Deutsche, da sich im Westteil des Reiches das Romanische mehr und mehr durchsetzte. Sehr früh wurde also theodisce, zur Bezeichnung des östlichen Teils des Reiches verwendet.

Was löste diese Bedeutungsentwicklung nun aus?

Zunächst bewirkt ein gemeinsamer Name ein „Wir-Gefühl". Aus dem Wir-Gefühl entsteht eine gemeinsame Kultur, angefangen von der Sprache über das Recht und die Kunst bis zur Religion (Kirchen-form). Aus diesem „Wir-Gefühl", dem ethnos erwächst dann eine Staatsform, der demos[16], der im „Heiligen, Römischen Reich Deutscher Nationen", seinen politischen Ausdruck fand (auch wenn in dieser Staatsform viele andere Völkerschaften wohnten).

Aber was sagt das aus über einen ethnos, ein Volk, das sich selber nur „Volk" nennt und dem das genügt? „Wir sind das Volk!"

Da der Ausdruck im Gegensatz zur Kirchensprache des Lateinischen entstand und vollends aus dem Mund des frischgekrönten Kaisers kam, drückt er schon ein gewisses trotziges Selbstbewusstsein aus, zu sich zu stehen. Auch etwas Treuherziges, geradezu Naives liegt darin. „Welsch" wird dem „deutsch" gegenüber zum Schimpfwort, zum „Kauderwelsch".

Liegt nicht auch eine spürbare Verwurzelung in der Heimat darin, eine Liebe zum eigenen Land? Man vergesse nicht, dass ein hoher Anteil der Wucht der Reformationen eine nationale Erhebung gegen die Römische Kirche war. Und hat nicht Hitler mit seinem Mythos von „Blut und Boden" an dieser Stelle die Deutschen eingefangen? Dass die Deutschen heute Weltmeister in Weltreisen sind, hängt eher mit einer Flucht vor sich selber seit 1945 und der latenten Sehnsucht zusammen, im Gegenüber mit dem Fremden vielleicht wieder zu verstehen, wer man selber ist, als mit einer gewandelten Mentalität. Im Tiefsten liebt der Deutsche seine Heimat – sonst müsste er eher den Namen seiner Nation (Selbstbezeichnung) ändern.

Diese Namenswahl bedeutet auch Innenschau, Beschäftigung mit sich selber. Dies heißt positiv: Beobachtung der eigenen „Seele", was Deutsche leicht zu Romantikern macht (Stichwort: „deutscher Wald"[17]), aber auch zu Grüblern, zu Philosophen, zu Tüftlern und Erfindern. Der Rationalismus hat zwar in Frankreich angefangen, aber die Ratio mit der Ratio zu überwinden, war Deutschen, dem Philosophen Immanuel Kant vorbehalten („Kritik der reinen Vernunft").

---

[16] Zu den Begriffen ethnos und demos in dieser Verwendung siehe Ulrich Schneckener, „Das Recht auf Selbstbestimmung", Ethno-nationale Konflikte und internationale Politik, LIT Verlag, Hamburg 1996, S. 36-57.

[17] Das Wort für „Gemüt" gibt es in keiner anderen Sprache

Wer so um sich selber kreist, erfährt an sich aber auch die negativen Folgen dessen: Deutsche können sich selber schwer vergeben. Ausländer wundern sich immer wieder, wie ein Volk fünfzig Jahre nach Nazi-Deutschland immer noch unter Selbstverdammnis leidet, wiewohl Gottes Gnade 1989/90 überdeutlich wurde. Es liegt etwas Selbstquälerisches, Hypochondrisches darin.[18]

Weil sie sich einen Fehler nicht vergeben können, perfektionieren sie alles. „Improvisieren sollen andere, die USA oder die Afrikaner, aber organisieren tun wir!"

Auch das eher Melancholische, immer zuerst das Problem sehen oder das Haar in der Suppe finden, gehört zu diesem Drehen um sich selbst. Wann sind je „global visions" von dieser Nation ausgegangen? Selten.

Allemannen
Das Wort Alle-mannen gibt für diese freie Begriffsmeditation zum Wesen der Deutschen am wenigsten her, da seine Wurzel weder etymologisch noch historisch klar erkennbar ist. „ala" hieß „all" z. B. – wissend und verstärkt das nachfolgende Wort. „man" hieß Mann, Mensch, Gefolgsmann, Lehensdienstmann. „Alle-mannen" war somit einfach ein Sammelbegriff für das versammelte Heer. Also auch ein Name, der die kriegerische Tradition der Germanen unterstreicht.

Persönliche Schlussbemerkung
Mir ist wichtig, am Ende dieses Abschnittes hervorzuheben, dass dies nicht eine wissenschaftliche Untersuchung ist mit dem Anspruch: So ist es! Natürlich stehen hinter den Kernbegriffen exakte etymologische Untersuchungen. Dennoch könnte man diesen Abschnitt aber eher ein „germanisches Mosaik" nennen, d. h. den Versuch, verschiedene Elemente und Fakten in einen Deutungszusammenhang zu bringen. Vielleicht schaut aber auch hier die Intuition wie an anderen Stellen tiefer als die Ratio.

Ort und Geschichte
Die geografische Position Deutschlands genau in der Mitte des europäischen Kontinents, hat von alters her die Geschicke dieses Landes beeinflusst und das Verhalten dieser Nation geprägt.

---

[18] Alfred Grosser: Die anders anderen Deutschen. In: Reader's Digest, Juli 2001, S. 51-55

Ein Land in dieser Position hat eine mehrfache Funktion:

a) Es ist Brücke

b) Es ist Schutzwall

c) Es ist Ruhepol

d) Es ist Impulsgeber

a) Brücke

Schon in der Hallstadt-Zeit liefen uralte Handelswege von Westen nach Osten durch das Gebiet des heutigen Deutschlands. An besonderen Knotenpunkten entwickelten sich dann reiche Städte. Ebenso war Deutschland eine Brücke von Italien südlich der Alpen zum europäischen Norden. Kaufleute wie die Fugger in Augsburg wurden darüber so reich, dass sie sogar zu Geldgebern der Kaiser wurden.

Diese Brückenfunktion wird bis zum heutigen Tag in Kultur und Politik zwischen Ost und West wahrgenommen. So öffnete die Ostpolitik Willy Brandts dem westlichen Bündnis die Tür zum sogenannten Ostblock. Und die Bürger der damaligen DDR waren es, die die Berliner Mauer und damit den Eisernen Vorhang zum Einsturz brachten und damit das Ende des Kommunismus einläuteten, d.h. eine totale Veränderung der geopolitischen Lage Europas, ja der ganzen Welt herbei führten. Und danach war es die deutsche Außenpolitik, die wesentlich daran beteiligt war, Russland wieder ins „europäische Haus" zurück zu holen, bzw. ab 2004 den osteuropäischen Staaten die Tür in die EU zu öffnen.

b) Schutzwall

Fünf Mal in der europäischen Geschichte haben germanische Stämme – allerdings nur drei auf deutschem Boden – Angriffe asiatischer Reiterheere zurückgeschlagen, die sonst das Gesicht Europas völlig anders geprägt hätten.

451   Abwehr der Hunnen durch römische Truppen unter Aëtius im Bunde mit den Westgoten auf den Katalaunischen Feldern. Die Hunnen ziehen sich nach Ungarn zurück (vgl. das Nibelungenlied).

732 besiegt der Frankenführer Karl Martell, Großvater von Karl dem Großen, die von Spanien anstürmenden islamischen Araber bei Tours und Poitiers.

955 Sieg des Sachsenkaisers Otto I., der Große, auf dem Lechfeld über die Ungarn.

1241 Herzog Heinrich II von Schlesien fällt in der Schlacht bei Liegnitz gegen die Mongolen.

1688 Die Türken, die schon 1529 und 1550 vor Wien gestanden haben, werden durch ein polnisch-deutsches Heer endgültig geschlagen und in den folgenden Jahren durch Österreich, das noch zum deutschen Reich gehörte, bis zum Bosporus zurückgedrängt.

Fünf Mal waren es germanische Völker, die durch ihren Kampfgeist die romanischen, keltischen und slawischen Völker Europas mit geschützt und gerettet haben.

c) Ruhepol

Einen „ruhenden Pol", ein Rückgrat Europas bildete Jahrhunderte lang (10.–13. Jh.) im Mittelalter das „Heilige Römische Reich Deutscher Nationen". Nach dem Ende der Staufer (ca. 1260) zerfiel das Reich und damit seine kontinentale Bedeutung.

Erst im 19. Jahrhundert unter Bismarck kann man evtl. wieder von einer ausgleichenden europäischen Bündnispolitik und einer Rolle Deutschlands für Europa reden.

Heute in der Europäischen Union hat sich das Nachkriegs-Deutschland – oft zusammen mit Frankreich – als Baumeister und Zahlmeister eines neuen Europa bewährt. Deutschland ist heute die tragende Säule der Union.

d) Impulsgeber

„Impulse" gibt es segensreiche und verheerende.

Der beste und größte Impuls, der je von Deutschland ausging, war wohl die Reformation Martin Luthers. Abgesehen von ihrer religiösen Bedeutung, veränderte sie mehr als jeder Krieg die politische Landschaft Europas.

Dieser Ex-Plosion folgte hundert Jahre später 1618–1648 die Im-Plosion des 30-jährigen Krieges, d. h. eines Krieges, der von den politischen Mächten Europas unter religiösen Vorzeichen auf deutschem Boden ausgetragen wurde.

Deutschland fiel für 200 Jahre als politischer Faktor in Europa aus; das 18. und das beginnende 19. Jahrhundert waren das Zeitalter Frankreichs (Sonnenkönig Ludwig XIV.; Revolution; Napoleon).

Im 20. Jahrhundert entfesselte Deutschland zwei Weltkriege, besonders bewusst den zweiten Krieg, dessen Ergebnis eine neue Einteilung der gesamten Welt in Ost und West brachte.

Von deutschem Boden ging auch die Ideologie des Kommunismus durch Marx und Engels im 19. Jahrhundert aus. Und es war auch Deutschland, das nach dem ersten Weltkrieg bewusst Lenin nach Russland ließ, um dort die Oktoberrevolution anzuzetteln, die sich nach 1945 dann als Ganzes gegen die westliche Welt richtete und die Welt mit der akuten Gefahr bedrohte, sich selbst auszulöschen (Kuba-Krise 1962).

Welch göttliche Gnade, dass 1989/90 die Deutschen von Gott noch einmal eine Chance bekamen, an Europa und der ganzen Welt wieder gut zu machen, was sie in der Durchlassung Lenins 1918 der Menschheit angetan hatten: der Kommunismus in Europa und in der Welt brach in Folge der Öffnung der Berliner Mauer in sich zusammen.

Zusammenfassung

Die geopolitische Position Deutschlands hat dieser Nation eindeutig eine besondere Bedeutung gegeben. Deutschland hat versucht diese Aufgabe im Rahmen seines „Charakters" zu erfüllen – zum Guten und Schlechten des Kontinents und ab der Neuzeit auch der ganzen Welt.

Den nachhaltigsten positiven Impuls auf die Völkerwelt übte Deutschland in der Reformation aus. Damals öffnete sich das Volk als Ganzes für Gott und erlebte eine Entfaltung seiner besten Gaben: z. B. Gründlichkeit in der Bibelübersetzung; Kampfgeist ohne Waffengewalt; Vaterschaft Luthers für die ganze Nation.

Den nachhaltigsten negativen Einfluss auf die Völkerwelt übte Deutschland aus, als es sich in breiten Schichten dem Heiligen Geist verschloss und sich dem Ungeist öffnete. Unter seiner Wirkung pervertierten Gaben der Deutschen ins dämonische Gegenteil: Kampfgeist gegen den Rest der Welt, mit dem Ergebnis eines „Welt-Krieges"; Gründlichkeit in der Vernichtung der Juden, der Roma/Sinti und anderen „lebensunwerten Lebens"; Tyrannei statt Vaterschaft, für Deutschland und Europa.

Es gibt nur einen Weg, dass Deutschland mit seinen Gaben und seiner Berufung den Völkern wirklich ein Segen wird: dass sich das Volk in der Buße dem Geist Gottes und dem Evangelium öffnet. Dann bekommt Gott Raum, die Gaben und Berufungen dieses Volkes zu mobilisieren.

Das fängt mit dem Gebet der Gemeinde an, geht über vollmächtige Evangelisation und endet in einer Erweckung, wo Gottes Geist die Atmosphäre dieses Landes einfach kippen wird und es leicht wird in Deutschland, zu Gott zu finden.

Kultur und Geschichte

Ist der geografische Ort eines Volkes das Flussbett für die Geschichte dieses Volkes, so ist die Kultur das „Wasser", aus dem der Strom der Geschichte eigentlich besteht. Nicht einzelne Großdaten, von denen man später in den Geschichtsbüchern liest, sondern der Alltag der Leute, ihre Bräuche, Redensarten, Gewohnheiten, ihr Glaube und ihre Kunst, ihre Süchte und Sehnsüchte, ihr Hass und ihre Liebe, ihre Befürchtungen und Hoffnungen – dies alles und noch viel mehr ist der Stoff der Geschichte und sagt mehr aus, was für dieses Volk bezeichnend ist, als einige Schlachten und Siege. Kulturgeschichte zeigt, was die Seele dieses ethnos ist.

„Kultur ist die tiefverwurzelte Sphäre, in der die kollektive Identität eines Volkes geschmiedet und Vorstellungen von Bestimmung, Bedeutung und Existenz des Menschen begründet werden".[19]

Was ist denn „deutsch" in unserer Kultur?
Nun drei Blitzlichter:

---

[19] Jeremy Rifkin, Was macht euch so ängstlich? Amerikas Kraft ist Amerikas Leitkultur: Eine Anfrage an die Deutschen. FAZ vom 18.11.2001, Seite 41 und 43.

Der Stempel „Made in Germany" auf der Turbine für China sagt mehr aus über Deutschland, als wer jetzt gerade die Wahlen gewonnen oder verloren hat. –

Wer einmal Weihnachten als Deutscher in USA oder in England erlebt hat, der weiß, wie eng der duftende grüne Baum und „Stille Nacht, heilige Nacht" zu Deutschland gehören, weil – ja, weil „Gemüt" eben ein Wort der Deutschen ist. –

Und noch etwas passiert immer in Deutschland: wenn einer – Professor, Arzt, Manager oder Politiker – einen Vortrag gehalten hat und es kommt zu einer Aussprache: dann würdigt keiner die geistige Leistung des Referenten, sondern jeder dünkt sich klug, wenn er das Gesagte „hinterfragen" kann, das „Haar in der Suppe" findet (selbst wenn gar keins drin ist). Es ist deutsch, nicht zu loben, sondern zu mäkeln, zu nörgeln und zu kritisieren. Lob und Zustimmung wären ja naiv, nicht „selbständig gedacht".

ÜBER DEUTSCHLAND
UND ÜBER DAS
WESEN DER DEUTSCHEN

Im Folgenden soll es darum gehen, die im vorigen Kapitel aus den Namen Deutschlands erschlossenen Charakteristika der Deutschen an der Auffassung von Prominenten zu messen.

Zunächst die Stimme eines bedeutenden Theologen und Philosophen des frühen 20. Jh., Ernst Troeltsch. Er hielt am 6. Dezember 1914, das sind fast auf den Tag vier Monate nach Beginn des ersten Weltkrieges (4. August 1914), in Karlsruhe eine berühmte Rede: „Neubesinnung auf das Wesen der Deutschen". Er kennzeichnet die Deutschen als: monarchisch, militärisch, arbeitsam, ordnungsliebend und die Familie fördernd.[20]

Wir sehen bestätigt: in „monarchisch" das germanische Lehenswesen; in „militärisch" das kämpferische; in „ordnungsliebend" den Hang zum Perfektionismus und „die Familie fördernd" bleibt wahr, auch bei so viel zerbrechenden Ehen.

Neueren Datums ist die kurze Feststellung in einem Artikel von Jürgen Zeyer in der Stuttgarter Zeitung vom 9.10.2000 zum 3. WM-Titel von Michael Schumacher:

„Was fasziniert eigentlich an diesem Menschen? Es ist wohl nicht zuletzt der deutsche Hang zur Perfektion, die Verbissenheit, die Disziplin, die Fähigkeit, Ziele gegen alle Widerstände zu erreichen ..."

Wieder: arbeitsam, perfektionistisch, kämpferisch und diszipliniert.

---

[20] übernommen von H.CH. Rust aus seinem Artikel „Wenn Deutschland betet" in: aufatmen 4/2000, S. 77

STIMMEN PROMINENTER
Wer sind eigentlich die Deutschen?[21]

Marion Gräfin Dönhoff, Publizistin (†)
Wer sind nun eigentlich die Deutschen?
Drei Faktoren bestimmen ihren Charakter. Erstens: die geografische
Lage im Zentrum Europas. Zweitens: die Lebensauffassung im Wes-
ten und im Osten. Drittens: zwei Konfessionen, die das Land immer
in einer gewissen Spannung hielten.
Aber vielleicht haben die Deutschen nie eine Identität besessen?
Man muss sich wirklich fragen, ob sie je mit sich selbst so identisch
waren, wie Engländer oder Franzosen dies sind. Die Deutschen, wer
sind sie? Typisch für die Deutschen ist eine gewisse Realitätsferne,
eine merkwürdige Neigung zum Unbedingten. Sie sind ein Volk im
Wechsel von apokalyptischem Fall und phönixhaftem Aufstieg.

Dieter Hundt, Arbeitgeberpräsident
Ich bin stolz, glücklich und dankbar in einem modernen Land leben
zu dürfen ... mit einer gefestigten Demokratie ... Toleranz ... sozialer
Marktwirtschaft ... Wissenschaft ... Natur ... Kultur. Ich wünsche mir
von vielen meiner Mitbürger manchmal, dass „Deutscher zu sein"
für sie auch hieße, mehr Optimismus und Lebensfreude auszustrah-
len sowie auf die Gegebenheiten bei uns und die eigenen Leistungen
stolz zu sein.

Regine Hildebrandt, Politikerin, SPD, (†)
Ich bin in Deutschland geboren und aufgewachsen – dieses Land
ist meine Heimat. Die Sprache ist mir vertraut, die Natur ist mir
vertraut, die Kultur ist mir vertraut. Die Wälder und Seen Bran-
denburgs ebenso wie die norddeutsche Backsteingotik, die Musik
Johann Sebastian Bachs ebenso wie das Elbsandsteingebirge, Hid-
densee ebenso wie Lessings Parabel von den drei Ringen, Weih-
nachtsliedersingen unter dem Baum mit brennenden Kerzen ebenso
wie Schlittschuhfahren auf dem zugefrorenen See vor meiner Tür.
„Deutscher Nationalstolz" ist mir fremd, war es von Jugend an. Es ist
nicht mein Verdienst, dass ich gerade hier geboren wurde. Ich war oft

---

[21] Susanne Rytina. Wer sind die Deutschen? Aus Reader's Digest, Juli 2001, S. 42-55,
  Ergebnis einer EMNID-Umfrage und Voten von Prominenten

in anderen Ländern und habe die Begegnung mit anderen Menschen und ihren Kulturen als anregend und bereichernd empfunden.

Helmut Schmidt, Alt-Bundeskanzler, SPD
Manchmal habe ich mich geschämt, Deutscher zu sein, manchmal war ich stolz, manchmal habe ich darunter gelitten. Allerdings könnte ich einige Gründe nennen, warum ich gerne Deutscher bin.

Maria Jepsen, Ev. Bischöfin
Deutsche zu sein heißt für mich, in einem Land zu leben, das von einer humanistisch-christlichen Kultur geprägt ist. Ich stehe in einer Geschichte, mit der ich mich auseinander zu setzen habe. Ich komme aus dem Land der Schuldigen. Mehr als mein Deutschsein bedeutet mir allerdings meine Zugehörigkeit zum Christentum.

Paul Spiegel, Präsident des Zentralrates der Juden in Deutschland
Deutscher zu sein heißt für mich, Bürger der Bundesrepublik Deutschland mit allen Rechten und Pflichten, mit einem eindeutigen Bekenntnis zur demokratischen Verfassung zu sein.
Es heißt für mich natürlich auch, zum deutschen Sprach- und Kulturkreis zu gehören, der den Nationenbegriff überragt. Zur deutschen Kultur haben stets Menschen unterschiedlicher Staatsangehörigkeit und Religion beigetragen. Es heißt für mich persönlich, auch in der Tradition des deutschen Judentums zu stehen. Die jüdische Geschichte in Deutschland ist über 1000 Jahre alt; dafür stehen Namen wie Einstein und Heine.

Franz Kamphaus, Kath. Bischof
Christen sind Universalisten. Wir sind nicht zuerst Deutsche und Europäer oder Afrikaner oder Asiaten oder Südamerikaner, sondern wir sind zuerst christkatholisch. Nur wer das nachvollziehen kann, kann das Eintreten der Kirchen für so genannte Ausländer und für die Länder der „Dritten Welt" verstehen.
Die Bibel erzählt, wie Gott die Menschheit aus einem Menschenpaar hervorgehen lässt. Dem biblischen Autor geht es dabei nicht um eine biologische Abstammungslehre, sondern um das Verhältnis zwischen Gott und Mensch. Wer an den einen Gott glaubt, kann den Ursprung der Menschheit auch nur auf eine Wurzel zurückführen. Die Menschheit besteht also nicht aus zufällig zusammengewürfel-

ten Individuen, sie ist eine Völkerfamilie. Es bedeutet eine ständige Relativierung aller Bande des Blutes, der Rasse und der Nation.

Petra Pau, Politikerin, PDS
Deutschland ist ein Wechselrahmen mit widerstrebenden Inhalten... der alte Ruf „Ich bin stolz, ein Deutscher zu sein" feiert heute gefährliche Urstände, nicht nur bei Neonazis.
Mir reicht es, Mensch und – sooft es geht – glücklich zu sein.

Cem Özdemir, Politiker, B90/Grüne
Deutscher zu sein ist für mich nicht selbstverständlich ... eine Odyssee, bis ich die deutsche Staatsbürgerschaft bekam. Deutschland ist für mich auch eine schwierige Heimat. Trotz schwäbischer Herkunft werde ich aufgrund meines Namens als Fremder betrachtet.

Doris Dörrie, Regisseurin
... Wieso gewöhnen wir uns einfach daran, dass jüdische Mitbürger nur noch unter Polizeischutz in die Synagoge gehen können, dass ein schwarzer Freund von mir nicht mehr nachts mit der U-Bahn nach Hause fahren kann? ... Ich wäre so gerne stolz auf dieses Land. Es ist mein Land, meine Sprache, ich liebe das Allgäu, Quark und Schwarzbrot und ich mag unsere Gesellschaft.

Alfred Grosser, französischer Publizist
„Die Deutschen" sind im amerikanischen wie auch im britischen oder im französischen Fernsehen gegenwärtig Michael Schumacher oder Adolf Hitler. Außer Sportgrößen und Nazis zeigt man kaum Deutsche. In Frankreich gibt es einen ständigen Hang zur Selbstüberschätzung, so wie es in Deutschland einen ständigen Hang zur Wehleidigkeit, zum Selbstmitleid gibt.
Die Bürger dieser Demokratie haben eine Reihe von Gemeinsamkeiten, die ihnen erlauben sollten, nicht als Schrecken, sondern als Vorbild in Europa aufzutreten.

Auswertung

Was zeigen diese Voten?
Zum einen, dass die 3-Schritt-Methode als Raster für Aussagen zur Charakterisierung von Nationen taugt und zum anderen, dass die

im vorigen Abschnitt gefundenen Charakteristika für Deutschland erstaunlich oft Bestätigung finden.

Direkte Aussagen

M. Dönhoff schreibt: „Typisch für die Deutschen ist, dass sie ein Volk sind im Wechsel von apokalyptischem Fall und phönixhaftem Aufstieg". Dies ist nur möglich, weil in diesem Volk ein Kampfgeist steckt, in dem Herausforderungen angenommen werden. Dies muss keine militärische Aktion bedeuten, sondern kann auch die Form des – von aller Welt bestaunten – Wirtschaftswunders haben (wozu die USA aber den Einstieg ermöglichten).

Die (oben) vom Namen abgeleitete Drehbewegung um sich selber, das Grübeln und Philosophieren, das sich selbst kritisch in Frage stellen und andere auch – dieses ganze Syndrom begegnet in den Aussagen „gewisse Realitätsferne" (Dönhoff), fehlender Optimismus und Lebensfreude (Hundt), und „wehleidig und sich selber bemitleidend" (Grosser).

Dönhoff bemerkt dann auch jene „merkwürdige Neigung zum Unbedingten". In Deutschland muss alles immer „gründlich" sein und „grundsätzlich geklärt werden" (was natürlich nie gelingt und nur zu ewigen Streitereien führt). Der Hang zum Perfektionismus ist in Deutschland gegenüber anderen Ländern unverkennbar.

Daher kommt auch selten „Stolz auf die eigene Leistung" auf (Hundt), da ja immer mal noch etwas nicht stimmen könnte. Neben diesem verweigerten und berechtigten Stolz gibt es dann aber als Gegenbild den auftrumpfenden Deutschen, der „es hat" (z. B. die harte DM) und der alles besser weiß.

Die „deutsche Frage"

Dieses Springen zwischen Minderwertigkeitsgefühl und Dominanzverhalten ohne gesunde Mitte kennzeichnet neurotische, verletzte Persönlichkeiten. Diese nationale Neurose kennzeichnet das Selbstverständnis der Deutschen, besonders seit 1945. Aber es war auch schon 1933 sichtbar als Hitler die Nation aus der „Schmach des Versailler Vertrags" in den Rausch nationaler Gefühle emporriss.

Zwei Arten mit dieser geschichtlichen Situation fertig zu werden, kommen bei Maria Jepsen und Petra Pau zum Ausdruck. Maria Jepsen sagt: „Ich komme aus dem Land der Schuldigen" – eine saubere Art, sich der Geschichte zu stellen, um sie zu bewältigen. Petra Pau gerät in eine unerträgliche Spannung bei dem Satz „Ich bin stolz, ein Deutscher zu sein", aus der sie entkommt, indem sie sich in das allgemeine Menschsein flüchtet (was ja nie falsch ist, nur eben das Problem nicht löst).

Viele Deutsche flüchten heute aus der nationalen Insuffizienz und Minderwertigkeit in das „Europäer sein" – was ja sehr fortschrittlich klingt, aber für eine wirkliche Begegnung mit anderen Nationen natürlich als Basis nicht ausreicht.

Gesund wirkt hier die Selbstbewusstheit von Regine Hildebrandt, die sich freut an der Natur und der reichen Kultur der Deutschen, um dann zu erwähnen, das sie Begegnungen mit anderen Kulturen hatte und diese immer als „anregend und bereichernd empfand". Wer so spricht, der weiß was er wert ist als Deutsche.

Zwei weitere Spielarten von Flucht sind bei den Voten noch erkennbar.

Paul Spiegel erwähnt zwar nicht den Holocaust, aber dieser steht natürlich im Hintergrund seines Votums. Man merkt bei ihm – obwohl er Deutscher und hier geboren ist – wie es ihm unmöglich ist, über den ethnos der Deutschen etwas Positives vom Herzen her zu sagen. So weicht er aus und beschreibt die demokratische Staatsform, den demos, denn sein ethnos ist deutlich die „Tradition des deutschen Judentums".

Das andere Ausweichmanöver vor der „deutschen Frage" liegt vor in dem Votum von Franz Kamphaus. Als Bischof der katholischen Kirche, einer Weltorganisation, löst er den nationalen Bezug vom ersten Satz an sofort im Universalismus der „einen heiligen, katholischen Kirche" auf. Hier werden damit aber die zwei Ebenen Schöpfung und Erlösung, Volk und Kirche auseinander gerissen, die doch zusammen gehören: Ein Katholik bzw. ein Christ hört doch mit seiner Gottesbeziehung nicht auf, ein Mensch zu sein; und zu den Koordinaten seines Menschseins gehört die Verankerung in einem Volk. Es wäre gut, wenn die Kirche nicht nur „für sogenannte Ausländer eintreten" würde, sondern auch für eine nationale Heilung des deutschen Volkes in seiner Scham.

Es wäre eine große seelsorgerliche Aufgabe der Kirchen, zu lehren, wie man im Geist Jesu Christi nationales Volk-Sein lebt. Dies kann man aber nur, wenn man die Schöpfungsebene und die Erlösungsebene positiv einander zuordnet. So wie es aussieht, sind aber beide Großkirchen nicht in der Lage, dem deutschen Volk diesen Dienst zu tun. Die Evangelische Kirche nicht, weil der Großteil ihrer Angestellten und Pfarrer politisch links stehen und somit die nationale Frage nach dem Muster: Ich bin lieber Europäer oder ich bin einfach Mensch, umschiffen. Die Katholische Kirche findet keine Antwort, weil sie den fragenden deutschen Katholiken alsbald auf seine Zugehörigkeit zu einer Weltgemeinschaft der Katholischen Kirche verweist und ihn damit der Klärung der nationalen Frage enthebt. So hat keine der beiden Großkirchen eine authentische Antwort zur Heilung der deutschen Wunde gefunden, d. h. für die seelsorgerliche Not der verletzten Identität dieses Volkes, weil sie sich beide verabschieden in einen Universalismus – die eine in einen politischen, die andere in einen kirchlichen. Wer aber zeigt diesem Volk einen Christusweg aus dieser Krise, den Weg der glaubhaften Vergebung und Versöhnung?

Ort und Geschichte

Noch einmal zu dem Votum von M. Dönhoff. „Wer sind sie nun eigentlich, die Deutschen? Drei Faktoren bestimmen ihren Charakter. Erstens die geografische Lage im Zentrum Europas." Ein solcher Staat hat sich durch die Jahrhunderte hindurch mehr mit seinen Nachbarn auseinander setzen müssen als etwa Finnland oder Portugal. Der „redemptive purpose" eines Landes in dieser Position heißt: Europa zu tragen und mitzugestalten – nicht mehr mit selbstsüchtigen Zielen, sondern mit Zielen, die allen, auch den kleineren und schwächeren Ländern helfen.

Dönhoff fährt fort: „Zweitens: die Lebensauffassung im Westen und im Osten." Deutschland vereinigt seit der Wiedervereinigung, nach 40 Jahren Zugehörigkeit zu den beiden Machtblöcken Ost/West, in sich die Spannung zwischen Ost- und Westeuropa und wird darin zur Brücke in einer sehr existenziellen Art und Weise.

„Drittens: zwei Konfessionen, die das Land immer in einer gewissen Spannung hielten." Hier kommt Dönhoff auf den stärksten positiven Impuls zu sprechen, der von Deutschland ausgegangen ist: die Reformation. Nicht nur Deutschland, sondern ganz Europa wurde dadurch in Spannung versetzt, ja, die ganze Welt.

Deutschland: Vaterland oder Heimat

Einige der Voten sprechen die Umbruchsituation der jüngsten Entwicklung des Nationalgefühls in Deutschland an. In Bezug auf die Vergangenheit belastet die NS-Zeit das deutsche Selbstwertgefühl, in Bezug auf die Zukunft die Angst vor Überfremdung. Keine der großen Parteien hatte es in 50 Jahren Nachkriegsgeschichte gewagt zu sagen: „Deutschland ist ein Zuwanderungsland", eben weil man rechtsradikale Reaktionen fürchtete. Die Gefahr des Verlustes der deutschen Identität sehen laut EMNID aber 36% der Deutschen und von diesen ca. 46% real vorhanden durch Ausländer. Eine gesetzliche Regelung für Zuwanderung war überfällig.

Nebenbei – wer wird von einem Deutschen als ein „Fremder", als „Ausländer" wahrgenommen, der „stört"? Ist die mit einem Deutschen verheiratete Französin, die fließend Deutsch spricht, mit kleinen Besonderheiten, eine „Fremde"? – „Ausländer" sind für Deutsche nicht hellhäutig, christlich und sprachfähig, sondern nur Bewohner der südlichen Länder, mit anderer als weißer Hautfarbe und schwarzen Augen und Haaren; dazu kommt dann noch eine nicht-christliche Religion. Dass sie gewöhnlich die deutsche Sprache nicht beherrschen, wirkt natürlich immer ausgrenzend.

Von daher bedarf es klarer Vorstellungen darüber, was die „deutsche Leitkultur" ist, und welches Verhältnis Zuwanderer zu dieser Leitkultur haben sollten. (Integrationsmodelle).

Hierher gehört das Votum von C. Özdemir: „Deutscher zu sein ist für mich nicht selbstverständlich ... eine Odyssee, bis ich die deutsche Staatsbürgerschaft bekam. Deutschland ist für mich auch eine schwierige Heimat. Trotz schwäbischer Herkunft werde ich aufgrund meines Namens als Fremder betrachtet." Und natürlich auf Grund seines Aussehens.

Dem steht Doris Dörrie gegenüber die sagt: „Es ist mein Land, meine Sprache, ich liebe das Allgäu, Quark und Schwarzbrot und ich mag unsere Gesellschaft", als eine Deutsche, die mit ihrem ganzen Herzen zu diesem Land gehört. Dies ist für sie aber in Bezug auf Fremde kein ausschließendes Wort, denn sie ist es, die beklagt, dass Juden und Schwarze sich in Deutschland nur mit Angst bewegen könnten.

Deutschland im Umbruch von „Deutschland der Deutschen" (exklusiv) zu „Deutschland – ein Zuwanderungsland" (inklusiv). Haben die Christen zu diesem Umbruch, der die Gemüter bewegte und bewegt, nicht mehr zu sagen als: dieses Problem beschäftigt uns nicht mehr? Es wäre gut, sie hätten eine erlösendere Botschaft für die Berufung dieses Volkes („redemptive purpose"). Man kann ja wohl nicht beständig die Bedeutung des deutschen ethnos gegenüber dem Christsein kleinreden, gleichzeitig aber davon sprechen, dass gerade die Deutschen als Boten Jesu in der Welt eine besondere Bedeutung hätten. Diese Bedeutung besteht doch wohl in mehr als einer Schuld- und Vergebungs-Geschichte.

Nochmals zurück zu Özdemirs Votum: Er ist in Deutschland geboren, hat eine deutsche Ausbildung, spricht perfekt deutsch, hat einen deutschen Pass – was ist der Unterschied zu D. Dörrie, D. Hundt oder R. Hildebrandt? Antwort: sein türkischer Name. Was heißt das substanziell? Im Familiennamen liegt die Geschichte der Familie verborgen, des Volkes, der Väter.

Aber genau darin liegt der Unterschied: für Deutschstämmige ist Deutschland ihr „Vaterland", das Land ihrer Väter, auch für Deutsche, die im Ausland geboren sind. Aber für nicht Deutschstämmige, selbst wenn sie in Deutschland geboren sind, ist Deutschland eben nicht ihr Vaterland, das „Land ihrer Väter", kann es nicht sein für mindestens drei bis vier Generationen. Für sie ist bzw. wurde Deutschland zum Ort der Zuflucht, der Arbeit, des neuen Lebens, mit einem Wort: zur „Heimat", gemäß dem lateinischen Sprichwort: „Ubi bene, ibi patria", „wo es mir gut geht, da ist meine Heimat". Und da sollen sie willkommen sein und angstfrei leben können.

„Deutschland – ein Zuwanderungsland" heißt: Deutschland ist nicht mehr nur ein Vaterland, sondern vielen nun auch ein Heimatland.[22]

---

[22] Dazu eine Richtung gebende Bibelstelle: *„Wenn ein Fremdling bei euch wohnt in eurem Lande, den sollt ihr nicht bedrücken. Er soll bei euch wohnen wie ein Einheimischer unter euch, und du sollst ihn lieben wie dich selbst; denn ihr seid auch Fremdlinge gewesen in Ägyptenland. Ich bin der Herr, euer Gott."* (3. Mose 19,33-34).

Eine empirische Untersuchung

Peter Wenz, Pastor der Biblischen Glaubensgemeinde (BGG) in Stuttgart, veröffentlichte in der Broschüre „Der Wächterruf" (24-Stunden-Gebet in Deutschland) das Ergebnis einer Umfrage unter geistlichen Leitern bezüglich ihrer Meinung zum „redemptive purpose" von Deutschland. Sein Ergebnis umfasst zehn Stichworte mit jeweils einigen erklärenden Unterbegriffen.[23]

„Redemtive Purposes" – Erlösungsgaben Deutschlands

· Leiterschaft
  Organisationsfähigkeit, Bereitschaft zum Dienen

· Segensrolle für Europa
  Berufung, in Europa wichtige Dinge freizusetzen

· Vaterschaft
  Vaterschaft Gottes, geistliche Väter und Mütter sein

· „Kämpferische Gesinnung"
  Geistliche Strategen, dem Feind Widerstand leisten

· Hingabe – besonders der Jugend
  Radikalität, Leidensbereitschaft, Verzicht

---

[23] Peter Wenz, Der Wächterruf. 24-Stunden-Gebetsstrategie für unser Land. Solingen 2000. Seite 52f.

- Gründlichkeit
  Das Beste geben für Gottes Reich
- Land der Missionare
  Moderne Missionsbewegungen hervorgebracht
- Land des Wortes
  Reformation, Mission, Lehrgaben
- Anbetung
  Musiker, Dichter und Denker zur Ehre Gottes
- Großzügigkeit
  Reichtum und Finanzen für das Reich Gottes
- Dienst an den Juden
  Schlüsselrolle für Israel

Peter Wenz benutzt zwar den Begriff „redemptive purpose" setzt ihn aber gleich in den Plural, was im Englischen im Blick auf Völker ungewöhnlich ist. Außerdem übersetzt er diesen Plural frei mit „Erlösungsgaben".

Durch den Plural und die Übersetzung führt er den Begriff „purpose" aus allzu großer Festlegung und präsentiert so das Folgende locker als Gaben-Kaleidoskop ohne Festlegung bezüglich der Anzahl der Begriffe oder ihrer Priorität.

So ist festzustellen, dass die Begriffe nicht alle auf derselben Höhe liegen, dass tief verwurzelte deutsche Eigenarten neben Begriffen stehen, die eher einen Wunsch ausdrücken für die Zukunft: „Gründlichkeit" neben „Segensrolle für Europa" oder „Dienst an den Juden". Außerdem gehen Schöpfungsgaben wie „Leiterschaft" und geistliche Gaben wie „Anbetung" durcheinander. Die Untertitel versuchen den Oberbegriffen eine geistliche Füllung zu geben.

Dennoch eine erste Sammlung, eine nützliche Sammlung, die ich zur Grundlage einer Untersuchung in zwei Seminaren machen konnte.

Zwei Fragen

Ich händigte den Teilnehmern von zwei Seminaren diese Liste aus und stellte dazu folgende zwei Fragen:

1. Wähle 6 (im 2. Seminar 3) Eigenschaften aus, die dir am typischsten „deutsch" erscheinen (auch ohne Beachtung der Untertitel).

2. Haben die Begriffe untereinander einen Zusammenhang? Erscheint evtl. ein Begriff als eine Art Schlüsselbegriff?

Das Ergebnis

Priorität	Gruppe 1	Gruppe 2
1	Gründlichkeit	Land des Wortes
2	Land des Wortes	Leiterschaft
3	Leiterschaft	Gründlichkeit
4	Kämpferische Gesinnung	
5	Land der Missionare	
6	Vaterschaft	
7	(Dienst an den Juden)	

Es fällt auf, dass die ersten drei Begriffe in beiden Gruppen dieselben sind nur in unterschiedlicher Anordnung.

Im Gespräch stellte sich heraus, dass mit „Land des Wortes" außer den Unterbegriffen noch „Dichter und Denker" und „Theoriebildung" gemeint war. Dazu gehört auch die Forschung. So wurde der Unterbegriff „Lehrgabe" zum eigentlichen Stichwort dieser Position.

Die zweite Frage nach dem Zusammenhang der Begriffe wurde im Gruppengespräch nachher folgendermaßen geklärt:

Gründlichkeit ist ein Kennzeichen wirklicher Lehrbegabung. Lehrgabe ihrerseits ist ein wichtiger Bestandteil der Leiterschaft. Wenn zur Leiterschaft auch die Fähigkeit zum Organisieren gehört, besteht auch hier eine Beziehung zur Gründlichkeit. – Kämpferische Gesinnung ist ein ganz anderer Begabungszweig und hängt dann seinerseits mit Mission, d. h. der Eroberung von Land für Gott zusammen.

Der Zusammenhang dieser Begriffe mit der bisherigen Untersuchung der Ergebnisse ist eindeutig.

Gründlichkeit   Kämpferische Gesinnung
Lehrgabe   Mission
Leiterschaft
Organisation

Die Frage war dann: Welcher der Begriffe führt denn die beiden Ansätze zusammen? Wo laufen diese verschiedenen Begabungen in eins? Und es war nur ein Begriff vorhanden, der das leisten konnte: das Wort VATERSCHAFT.

Ich war erstaunt darüber, dass in beiden Gruppen dieser Zentralbegriff erst auf Platz 6 erwähnt wurde, bevor man seine Bedeutung erkannte. Aber vielleicht gehört es zu den Kernbegriffen des Lebens, dass sie zunächst verborgen sind und ihre wahre Bedeutung erst nach und nach hervortritt.

DER VATER – URBILD DER DEUTSCHEN

Der Begriff des Vaters war in allen bisherigen Untersuchungen noch nicht aufgetaucht. Und doch war er im Hintergrund immer dabei. Denn fast alle bisher aufgezählten Eigenschaften der Deutschen sind männlicher Art.

Das ist bei den musischen Kelten anders, auch bei den temperamentvollen Romanen. Der Archetyp für Russland ist das „Mütterchen", die Babuschka. Frankreich versteht sich als „Marianne", und „la Revolution" ist eine Frau, welche die Fahne der Befreiung den Kämpfern voranträgt. Deutschlands Identifikationsperson ist „Michael"/„der deutsche Michel".

Deutschland ist von seinen germanischen Anfängen an geprägt von männlichen Tugenden und diese gelten wie es scheint ungehindert weiter bis heute:

z. B. Kampfbereitschaft – heute: Konkurrenzdenken,
Ordnungsliebe – heute: Perfektionismus,
Eroberung – heute: Leistung usw.

Vor allem aber scheint sich die Mentalität des Lehensystems als archetypische Wirklichkeit bis heute erhalten zu haben mit den beiden Seiten: Loyalität und Treue gegenüber dem Oberen; Verantwortung und Fürsorge gegenüber den Untergebenen.

Die Deutschen wünschen sich zutiefst jemanden, dem sie blindlings vertrauen können, der sie führt, einen „starken Mann", dem man total vertrauen kann – kurz, einen Vater. Für den gehen sie „durchs Feuer", wie wohl sonst in keiner anderen europäischen Nation. Da ist Hingabebereitschaft bis hin zum Kadavergehorsam.

Anders als bei den Franzosen mit dem Sturm auf die Bastille 1789 und den Russen mit der Oktoberrevolution 1918 verschwindet in Deutschland die Monarchie nicht durch eine Revolution, sondern durch einen verlorenen Krieg. Und die einzige bürgerliche Revolution, die es in Deutschland gab, die von 1848, vermochte nichts und scheiterte an den Monarchen und Monarchisten. Der „Sturz des Vaters der Nation", der „Vatermord" widerspricht zutiefst dem Loyalitätssinn der Deutschen gegenüber dem Herrscher.

Und umgekehrt: Sicher haben im 18. Jahrhundert auch in Deutschland viele absolutistische Fürsten nach der Maxime gelebt „Der Staat bin ich!" Und doch stammte dieser Satz aus dem Mund des französischen Königs Ludwig XIV. und wurde von ihm übernommen: „L'état c'est moi!" Aus deutschem Mund und eher von der Art eines Lehensherrn ist der Satz von Friedrich II. König von Preußen, genannt „der Große": „Ich bin der erste Diener meines Staates!" Obwohl er ein großer Verehrer der französischen Kultur war und selber sich fließend französisch unterhalten konnte, entsprach er in seiner Auffassung doch zutiefst der deutschen Seele.

Weil Hitler dieses zentralste Bedürfnis der Deutschen so perfekt ausfüllte, sprach jeder einzelne mit Wärme von ihm als „meinem Führer".

Wohl gab es einen „Duce" in Italien, aber Mussolini wurde von den Italienern selbst in die Wüste geschickt; wohl gab es einen Charles de Gaulles in Frankreich, der hoch verehrt wurde von seinen Landsleuten. Aber das, was in den Deutschen bei Hitler ablief, war Religion, war persönliche religiöse Hingabe an „den Führer" – was auch von den Nazis bewusst gefördert wurde in den Massenversammlungen mit allen religiösen Symbolen, die nur möglich waren. Dies war mehr als jede Popstar-Hysterie heute, dies war die Ganzhingabe des Lebens an die Person von Adolf Hitler, dies war Ab-Götterei. Erschreckend dokumentiert dies der Eid, den schon der 14-jährige in der Hitler-Jugend ablegen musste: „Ich gebe mein Blut und Leben dem Einen, der uns alle führt".[24] Das ist germanische Lehenstreue pur. Soweit kam es in Deutschland nur, weil in den Deutschen diese tiefe Sehnsucht nach dem Vater schlummert.

---

[24] Reinhold Kerstan, „Ein deutscher Junge weint nicht", Kap. 4

Die Engländer sprechen von England als „motherland", die Franzosen von „la patrie" (weiblich), die Amerikaner von den USA als „our country". Die Deutschen aber nennen Deutschland „Vaterland". – „Land meiner Väter". Es ist offenbar das Tiefste, was einen Deutschen mit seiner Heimat verbindet: dass in diesem Land sein Vater und seine Vor-Väter zu Hause waren.

Neben der Betrachtung des Vater-Archetyps in Deutschland wäre es ein ganz anderes Thema, die Entwicklung des aktuellen Vaterbildes im Laufe der letzten 120 Jahre (5 Generationen) in Deutschland zu betrachten. Es ist ein langer Weg vom Vater des Wilhelminischen Zeitalters, mit steifem Kragen („Vatermörder" genannt) und Zylinder, immer auf absolute Korrektheit bedacht, zu den Vätern, die für den Führer glühten und als Verlierer – wenn überhaupt – aus dem großen Krieg zurück kamen, zerbrochen in ihren Idealen und nur noch auf den Aufbau einer neuen Existenz bedacht und die darum nur wenig Raum im Herzen für ihre Frau und ihre Kinder mehr hatten; bis hin zu den Wohlstandsvätern, die sich satt im Bürgertum niederließen, die aber nie Zeit hatten und denen nicht bekannt war, was ihre Kinder trieben, bis sie in der Zeitung von ihnen lasen. Die jungen Väter von heute wollen anders sein und viele sind es auch. Sie haben erkannt, wie wichtig sie für das Leben ihrer Kinder sind. Aber haben sie die Zeit dazu? Oder nehmen sie sich die Zeit?

Die deutsche Wunde und ihre Heilung

Missbraucht und weggeworfen – Schritte in die nationale Neurose und Schritte der Heilung heraus

Es gibt Menschen, die sehr an sich selber und an ihrer Art zu leben, leiden. Auf der einen Seite enorme Leistung, enormer Anspruch an sich und darum beruflich sehr erfolgreich und außerdem versucht, es allen recht zu machen, auf der anderen Seite mimosenhaft empfindlich gegen Kritik, „fahren in den Keller", zweifeln an sich und an allem – es ist, wie wenn diese Menschen nur in den Extremen lebten, so als ob sie keine stabile Mitte hätten.

Dieses Syndrom der verlorenen Mitte und dem Schwanken zwischen den Extremen von Selbstüberschätzung und tiefem Minderwertigkeitsgefühl zeigt Deutschland als Nation seit 1945. (Vielleicht auch schon früher, aber diese Untersuchung geht von diesem Zeitraum aus).

Wir werden uns nun dieser Tatsache nähern, indem wir von Parolen der Nazizeit ausgehen. Es wird dabei um das Aufzeigen der Symptome einer neurotischen Grundhaltung gehen, aber auch um konkrete Schritte aus dieser Haltung heraus in die Heilung.

1. Parole
„Am deutschen Wesen soll die Welt genesen."

Dieser Satz zeigt Züge krankhafter Selbstüberschätzung. Aus den geistigen Wurzeln von Friedrich Nietzsches Zarathustra („Ich lehre euch den Übermenschen") verbunden mit Darwins und Häckels Evolutionstheorie („Sieg des Stärkeren") und vor allem verbunden mit dem jahrhundertealten christlich-abendländischen Hass auf die Juden, ergab sich bei Hitler die Vorstellung einer arischen Herrenrasse, die dazu berufen sei, über alle anderen Rassen zu herrschen und vor allem das Judentum zu vernichten. So nannte Hitler die Juden schon in einem Brief vom 16. September 1919 an Adolf Gmelin eine „Rassentuberkulose der Völker. Das letzte Ziel des Antisemitismus der Vernunft ... muss unverrückbar die Entfernung der Juden überhaupt sein". Und einen Tag vor seinem Tod schrieb Hitler 25 Jahre später am 29. April 1945, 4:00 Uhr morgens in „Mein politisches Testament": „Vor allem verpflichte ich die Führung der Nation und die Gefolgschaft zur peinlichen Einhaltung der Rassengesetze und zum unbarmherzigen Widerstand gegen den Weltvergifter aller Völker, das internationale Judentum". Als Zeugen: A. Josef Goebbels, Martin Bormann u. a.

Der Glaube an den arischen/deutschen Übermenschen ließ diesen zum Untermenschen werden. Wer die Bilder ehemaliger KZ-Häftlinge in Auschwitz einmal gesehen hat, der wird diesen Satz verstehen können. Allgegenwärtig auf allen Bildern stehen sie – breitbeinig, Hände in die Hüften gestemmt, in hohen Stiefel, Reiterhosen und Uniform die SS-Schergen, jeder Zoll an ihnen Herrenrasse gegenüber dem Dreckpack in gestreiften Anzügen und gerade darin, gerade darin so erbärmlich, unmenschlich, Untermensch.

Als mit Kriegsende die Macht zerfiel, blieb den Deutschen nur noch die Scham, die Selbstverachtung, das Mindergefühl. Im Ausland vermied man zu sagen, woher man komme. Noch fünfzig Jahre nach Kriegsende (zwei Generationen!) am 6. Mai 1995 trugen linkspolitische Jugendliche das Transparent „Nie wieder Deutschland" durch Berlin-Kreuzberg.

Die Folge war:
⮑ Eine Abkehr von jedem Idealismus und eine Hinkehr zum puren Materialismus („nie mehr hungern"). Eine gigantische Flucht der Deutschen erfolgte in den Besitz und in Statussymbole. Erich Fromm analysierte es als „Haben statt Sein".

⮒ Neben der Scham, als Deutscher erkannt zu werden, ein Auftrumpfen deutscher Touristen im Ausland mit dem Trumpf der harten DM in der Hand;

⮒ Die Deutschen sind Weltmeister im Reisen: es scheint, als sei ihnen ihr Land nicht mehr gut genug zum Urlaub machen. Wie die Deutschen reisen, hat etwas Sehnsüchtig – Süchtiges an sich .

⮒ Kein Land wie Deutschland arbeitet so stark auf ein vereintes Europa hin. Es ist nicht nur die Sicherung des Friedens und die Erschließung von Exportmärkten, sondern ... nun, man frage einmal seinen Tischgenossen im IC-Zugrestaurant, ob er „gerne ein Deutscher sei", was er antworten wird ... Er antwortete mir: er sei „ein guter Europäer". Nicht, weil er ein „guter Deutscher" sei, sondern „anstatt ein Deutscher zu sein, sei er lieber Europäer".

Es reicht! Splitter eines zerbrochenen Bildes nationaler Identität.
Wer sich als Mensch zu Gott macht – das ist die Geisteshaltung des Zarathustra Nietzsches, der neben dem Satz „Ich lehre euch den Übermenschen", lehrt, „Gott ist tot" – wer sich so als Mensch zu Gott macht, darf sich nicht wundern, wenn ihn Gott zum Untermenschen werden lässt.

Wie kommen wir wieder heraus aus dieser Falle? Ganz einfach: Indem wir als Deutsche den falschen Satz vor Gott und Menschen bereuen, zurücknehmen und statt dessen bekennen:
„An Jesu Wesen wird die Welt genesen".

2. Parole

„Wenn das der Führer wüsste..."

So haben viele damals gesagt und ihn in Schutz genommen vor den Vorwürfen des eigenen Herzens. Er war ja „mein Führer", ihm schwor der Hitlerjunge schon mit 14 Jahren: „Ich gebe mein Blut und Leben dem Einen, der uns führt."[25] Dies war ein Schwur auf Leben und Tod; nicht auf die Verfassung, sondern auf eine einzige Person, diese Person Adolf Hitler. Er verkörperte das, was ein jeder Deutscher sich zutiefst wünscht: einen zu haben, dem man blindlings vertrauen kann – wie ein Kind seinem Vater.

---

[25] Reinhold Kerstan, „Ein deutscher Junge weint nicht", Kap. 4

Ist dieser Wunsch falsch?

Nein! Denn wer einen guten Vater gehabt hat, der kann auch selber ein guter Vater werden. Und wenn diese Suche nach dem Vater den Deutschen so tief eigen ist, dann können sie, wenn es darauf ankommt, auch an anderen Vaterschaft in verlässlicher Art und Weise ausüben.

Zugleich zeigt dieser Ausdruck „mein Führer" aber auch etwas Kindliches, Infantiles, wenn es dabei bleibt, ja, sogar etwas Gefährliches, weil das eigene kritische Urteil des Erwachsenen ausgeschaltet wurde gegenüber „dem Einen, der uns alle führt." Es war die organisierte Verkindlichung und Entmündigung eines ganzen Volkes gegenüber einem alles beherrschenden Über-Vater der Nation, die ihm blindlings folgte.

Und sein Dank?

In seinem Bunker in Berlin, als die russischen Truppen die Hauptstadt schon einnahmen, sagte dieser Über-Vater der Nation im Angesicht der Katastrophe nicht: „Ich bin schuld an allem; möge das deutsche Volk mir eines Tages verzeihen, wenn es kann", sondern er sagte: „Dieses Volk ist nicht wert, weiter zu existieren." Mit diesem Satz klatschte er das Volk, das sich ihm in maßlosem Vertrauen hingegeben hatte, an die Wand und sprach ihm seine Verachtung aus. „Deutschland war nicht bereit oder nicht stark genug für die Aufgabe, die ich der Nation gestellt hatte".[26] Es ging ihm immer nur um sich selbst. Wie soll ein Volk nach einem solchen totalen Missbrauch seines Vertrauens sich je wieder erholen?! Wie?

Exkurs

Was Hitler mit Deutschland tat, ist nahtlos vergleichbar mit sexuellem Missbrauch, den ein Vater an seiner kleinen Tochter verübt. Sie vertraute ihm völlig. Sie tat es auch noch, als er sie missbrauchte und gab sich selber die Schuld bis er sie zum Schluss verachtete und verstieß. Eine Lebenswunde mit unabsehbaren Folgen blieb.

Am Anfang steht der Schock. Dann kommt die Scham und der unendliche Schmerz des missbrauchten Vertrauens. Er ist so groß, dass man fürchtet, nicht mehr weiterleben zu können.

---

[26] Wochenbeilage Stuttgarter Zeitung, 29.4.1995, S.49

Insofern setzt hier die Selbsthilfe der Seele ein, indem sie verdrängt. Der Vorgang wird im Schweigen und zuletzt im Vergessen verkapselt.

So wird das Bewusstsein wieder entlastet, das Leben geht weiter. Man muss nicht immer daran denken und kann sich wieder seiner Arbeit zuwenden. Nur dürfen das Gespräch oder die Umstände nicht in die Nähe des Verkapselten kommen.

Es wird ein Lebenssystem aufgebaut, das die Möglichkeit zum Weiterleben bietet, in dem sich aber seltsame pathologische Muster entwickeln z. B. Ängste vor ... , Sucht zu essen, Magersucht, Perfektionismus, Selbstverachtung, Beziehungsabbrüche ohne Grund und anderes. Obwohl der Mensch weiß, dass das Muster für ihn krankmachend und für andere sehr belastend ist, wird es nicht verändert, sondern sogar verteidigt, weil es als Schutzschild aufgebaut wurde vor einer Lebenswunde.

Häufig entsteht auch das eingangs beschriebene Muster, ohne Mitte, zerrissen zwischen Selbstüberschätzung und bodenloser Minderwertigkeit.

Und wie sieht der Heilungsweg aus?

➲ Die Ersatzhandlungen und Muster in ihrer Funktion als Schutzschilder durchschauen und sie ablegen wollen.

➲ Sich trauen, das Faktum der Auslösersituation in den Blick zu nehmen und den großen Schmerz auszuhalten.

➲ Wut auf den Täter sich eingestehen und zulassen, eventuell auf das ganze Umfeld.

➲ Trauer über die Folgen, die das Leben geprägt und verbogen haben.

➲ Vergebung aussprechen vor Gott in der Kraft Jesu, der für die Sünder starb.

➲ Dämonisches lösen.

➲ Dank der Erlösten.

➲ Integration der Verletzung in die Lebensgeschichte; Arbeit an der Veränderung sinnlos gewordener Muster.

Wie eingangs skizziert, ist der Weg Deutschlands seit 1945 dem Lebensweg eines missbrauchten Kindes weitgehend vergleichbar.

Am Anfang 1945 stand der Schock. „Das haben wir nicht gewusst", war ein häufig gestammelter Satz, als das mit den KZs, den 6 Millionen Juden und den medizinischen Experimenten heraus kam.

Dem Entsetzen folgte die Scham: wozu wir Deutschen fähig sind ...! Und zu der Scham über die KZs kam die Scham der wenigen aus einem verlorenen Krieg nach Jahren der Gefangenschaft heimkehrenden Soldaten – zerbrochene deutsche Männer. Und bei den Frauen kam der Schmerz über die vielen verlorenen Männer und Söhne hinzu, die sich hingegeben hatten mit blutenden Herzen für den Führer, für das Vaterland – umsonst, weil der Krieg trotz aller Opfer verloren ging und – wie sich jetzt heraus stellte – die ganze Nazi-Elite eine Verbrecherbande war.

Der Schmerz und die Scham, die Verzweiflung und Sinnleere, der totale Zusammenbruch. Von heute auf morgen aus dem festen Glauben an das starke, reine Deutschtum herabgestürzt in die Verachtung alles Nationalen. Es blieb kein gesundes Bewusstsein, kein nationales Mittelmaß mehr zurück, von dem aus gemachte Fehler hätten erkannt und bereut werden können. Das Normal – Nationale, das zuerst ins Religiöse übersteigert worden war, wurde plötzlich zum Inbegriff des Bösen und Ursprung allen Unheils. Die Entnazifizierungsprozesse taten ein Übriges, sich von allem Nationalen schleunigst zu distanzieren, um Kopf und Kragen zu retten.

Die Lichtgestalten von eben standen nun als Verbrecher in Nürnberg vor Gericht. Und „der Führer" war nicht in der Lage die Kapitulation selber zu unterschreiben. Er hatte sich der Verantwortung entzogen und sich im Bunker des Führerhauptquartiers umgebracht oder umbringen und verbrennen lassen. Feigling, Versager, kein Vorbild – er, der sich von Millionen Deutschen als Inbegriff der deutschen Seele hatte feiern lassen. „Wenn das der Führer wüsste", galt nicht mehr: er hatte es gewusst und sogar befohlen.

Der „Vater" war ein Verbrecher. Das totale Vertrauen seines Volkes missbrauchte er für seinen nationalen Größenwahn und Judenhass. Den Missbrauchten überließ er es, wie sie weiterleben könnten. Und mit seinen letzten Worten – sie seien noch einmal wiederholt – verachtete er und verfluchte er sie noch: „Dieses Volkes ist nicht wert, weiter zu existieren". Wie beim Einzelnen setzen an dieser Stelle sehr schnell die Verdrängungsmechanismen und die Entwicklung kompensatorischer Ersatzmuster ein. Der Vorgang, das Dritte Reich, wurde in Schweigen und Vergessen verkapselt. Der Geschichtsunterricht der fünfziger Jahre endete mit der Weimarer Republik und in Deutsch las man allenfalls Reinhold Schneider, Wolfgang Borchert; dafür sehr ausführlich Goethe und Schiller.

Die „deutsche Frage" wurde in diesen Jahren beiseite gelegt, um sich dem nötigen Wiederaufbau zu widmen. Haus, Wurst und Auto wurden zum Ersatz für innere Werte. Materialismus wurde zum Religionsersatz. Was beim Einzelnen die Essstörungen sind, war bei der Nation die unersättliche Raffgier und die ständige Angst, arm zu werden, d. h. am Lebensstandard Abstriche machen zu müssen.

Wer nach Jahren die Frage der Deutschen als Nation ansprach, wurde alsbald verteufelt und im wörtlichsten Sinn „verdrängt" – wenigstens aus der politischen Mitte der anständigen Demokraten. Und diese hüteten sich fünfzig Jahre peinlich davor „deutsch" sein zu wollen und „deutsch sein" zu definieren. In den internationalen Beziehungen äußerte sich die fehlende Mitte eines gesunden Nationalbewusstseins in der bewussten Zurückhaltung. Dies war zwar einerseits weise, wie oben schon erwähnt, aber es war zugleich auch krank, so, wie beim Einzelschicksal durchaus Muster aus der Verletzung entstehen können, die sozial sehr nützlich sind (z. B. sich bei allen lieb Kind machen).

Psychologisch gesehen steht Deutschland als Nation seit spätestens Ende der achtziger Jahre an der Schwelle, den Verdrängungsvorgang nationaler Gefühle loszulassen und sich der „deutschen Frage" wieder zu öffnen, d. h. der Frage, ob man stolz sein darf, ein Deutscher zu sein.

Natürlich ist der Heilungsweg einer Nation komplexer als der eines Einzelnen. Dennoch lassen sich auch hier gewisse Parallelen finden.

Die Phase der Wut explodierte mit den „68ern". Es war die emotionale Wucht eines Vaterprotestes, gegen alle Autoritäten. Diese galt es schonungslos zu entblößen und der Kritik auszusetzen. Dem unmündigen, kindlichen Vertrauen einer älteren Generation, die zu

„dem Einen, der uns alle führt", aufschaute, setzte diese Generation der wilden Linken eine fundamentale Kritik aller Vaterautoritäten entgegen und bekannte: „Trau keinem über 30!" Letztlich war es die nationale Explosion einer Wut, die „dem Einen" galt, der sie alle führte und denen, die sich hatten führen lassen, ohne sich dann aber nach 1945 glaubhaft distanziert zu haben und dadurch glaubwürdig geworden zu sein. So war diese Wut letztlich doch der Schrei nach Glaubwürdigkeit und verlässlicher Vaterschaft.

Die Trauer hatte mehrere Erscheinungsformen und Schritte.

Es wurde viel getrauert und vor Gott von Herzen Buße getan, angefangen bei den Marienschwestern, die gleich nach Kriegsende mit tiefer Beugung vor Gott Buße taten. 1985 war ein großer nationaler Bußtag auf dem Gelände der großen Reichsparteitage in Nürnberg, veranstaltet von „Fürbitter für Deutschland", eine Gebetsbewegung, in der viel stellvertretend über Nazideutschland vor Gott Buße getan wurde. Dann waren die deutschlandweiten Bußgottesdienste in allen Kirchen am 9. November 1988 im Gedenken an die fünfzigjährige Wiederkehr der Reichspogromnacht von 1938.

Gott antwortete erschütternd deutlich: auf den Tag genau ein Jahr später, am 9. November 1989 ging die Mauer auf, was 1990 zur Wiedervereinigung führte. In diesem einmaligen Vorgang sollen die Deutschen verstehen, dass Gott die nationale Identität dieses Volkes wieder herstellen wollte und will und dass die Deutschen dies tiefer in ihrer Seele fassen sollen, als dies bisher der Fall gewesen ist!

Von Politikern gab es in diesem Zusammenhang eine Reihe von heilsamen Reden und Taten. Das begann schon 1972 mit dem Kniefall von Willy Brandt im Warschauer Ghetto. Im November 1984 standen der französische Präsident Mitterand und Bundeskanzler Kohl Hand in Hand vor einem Grab in Verdun. Seine Fortsetzung fand das in der historischen Rede von Richard von Weizsäcker am 8. Mai 1985. Der polnischen Außenminister Wladyslaw Bartoszewski brachte am 28.04.1995 vor dem deutschen Bundestag, „polnisches Bedauern für die Nachkriegsschicksale von Flüchtlingen und Vertriebenen" zum Ausdruck. Diese Reihe gipfelte in dem einmaligen Vorrecht für Johannes Rau, am 16. Februar 2000 vor der Knesset, dem israelischen Parlament, auf deutsch eine Rede halten und im Namen des deutschen Volkes um Vergebung bitten zu dürfen.

Auch auf der Ebene der Bürger fanden – angeregt und geleitet durch die Geistliche Gemeinde-Erneuerung (GGE) – 1995 „Versöhnungsreisen" in fast alle europäischen Länder statt, die während der Kriegszeit unter besonderen Gräueln der deutschen Besatzung gelitten hatten.

Schließlich trugen auch die Medien durch sorgfältig recherchierte Sendungen und Artikel wesentlich dazu bei, die Last des Dritten Reiches unverstellt in den Blick zu nehmen und darüber erschüttert zu trauern.

Zugleich aber versuchten sie in den letzten Jahren mehr und mehr auch das den deutschen Flüchtlingen zugefügte Leid in den Blick zu nehmen, um so zur Versöhnung beizutragen. Wer offen zu seiner eigenen Schuld steht, kann dann auch in der richtigen Weise von der Schuld der anderen reden.

Deutschland ist in den vergangenen Jahren in wachsendem Maß einen ehrlichen Weg aus der Zeit der Verdrängung gegangen und hat durch echte Trauer und Bitte um Vergebung die Barrieren der Sprachlosigkeit und die Verkapselung des Vergessens durchbrochen und hat den Segen dessen auch geerntet: eine allmähliche Wiederkehr der Freude an seiner Existenz als deutsche Nation.

Der zentrale Akt der Heilung bei Missbrauch ist aber die dem Täter zugesprochene Vergebung des Opfers. Dies geschieht in den seltensten Fällen direkt und ins Angesicht des Täters, der oft schon nicht mehr lebt, sondern vor Gott und im Beisein eines Zeugen.

Das hieße übertragen auf uns als Deutsche: sind wir bereit, Adolf Hitler und seiner Clique zu vergeben, was er uns als Volk damals und in seinen Auswirkungen bis heute spürbar, angetan hat? Sind wir bereit, ihm auch persönliches Leid, das der Krieg in unsere Familien gebracht hat, „im Namen Jesu" zu vergeben? In mir und in vielen, denen ich diesen Gedanken vortrug, kam spontan heftiger Widerstand auf – wie auch bei jeder missbrauchten Frau. Aber es bleibt trotzdem richtig und ist unumgänglich der nächste Schritt in die Freiheit. „Im Namen Jesu" heißt dabei, in der Kraft dessen, der für die Sünden aller – auch denen von Adolf Hitler – gestorben ist, zu vergeben: ich lege die Last meines Grolls, meinen Schmerz, meine Wut, meine Trauer über Adolf Hitler unter dem Kreuz Jesu hin und sage:

„Herr, jetzt geh du damit um. Nimm auch seine Sünde mit in deinen Tod. Auch für sie bist du gestorben. Ich lasse darum jetzt alle meine Vorwürfe los, auch den allerletzten und spreche: durch den Tod Jesu Christi am Kreuz entlasse ich Adolf Hitler und seine Genossen jetzt aus dem Käfig meiner Vorwürfe, d. h. ich vergebe ihnen durch Jesus Christus, ich als Person und ich als Angehöriger des deutschen Volkes.

Ich erkläre für mein Volk vor Gott: Adolf Hitler ist nicht mehr der Über-Vater der Deutschen; aufgelöst sei jeder Eid, der damals oder heute auf ihn abgelegt wurde: außer Kraft gesetzt sei jede Fluchwirkung aus solchen Eiden in unserem ganzen Volk. Im Namen, in der Verbindung mit Jesus Christus sage ich mich selber und unsere ganze Nation los von Hitler und aller Nazi-Ideologie. Wir haben nur einen Vater für unsere deutsche Vatersehnsucht: den Vater im Himmel. Vergib uns, wo wir uns anstatt an dir, an Menschen orientiert haben. Zu Dir, Vater, richten wir uns aus als Nation der Deutschen. Amen!“[27]

---

[27] vgl. dazu im Anhang den Abdruck aus: Axel Kühner, Gut und gerne. Aussaat-Verlag. 2. Auflage 1997

Die DDR –
das andere Vaterland

(von Astrid Eichler)

Da steht ein Wessi an der Theke einer Kneipe. Ein Ossi kommt rein. Der Wessi ruft ihm zu: „Wir sind ein Volk". Der Ossi darauf hin: „Wir auch!"

Ein trauriger Witz. Einer von den Witzen mit tiefem Inhalt. Ein Volk ist in seiner Identität zutiefst geprägt von seiner Geschichte. In Deutschland gab es 40 Jahre Geschichte, die sehr verschieden war in Ost und West.

Wenn Westdeutsche über Deutschland reden, reden sie weithin unbemerkt von den Selbstverständlichkeiten des Westens, von westlicher Geschichte, westlicher Prägung und Werten. Wie sollten sie auch anders?

Besucher aus der BRD, wenn sie bei uns in der DDR zu Besuch waren, sprachen davon, dass sie dann wieder nach „Deutschland" zurückfahren. Dies geschah auch nach der Wende noch.

Wir Ostdeutsche, zumindest meiner Generation, mussten es erst lernen, dass es Deutschland gibt und dass wir dazugehören. Deutschland – für uns eine fremde Größe. Es gilt ein Gefühl für dieses Land zu gewinnen – und das nicht als etwas Fremdes, was der Westen uns gebracht hat, sondern als etwas uns Eigenes.

Deutsche Geschichte ist auch die Geschichte in der DDR. Wir werden für Deutschland nur in rechter Weise beten können, wenn wir es lieben. Und wir werden es nur lieben können, wenn wir uns auch diesen Teil der Geschichte ansehen, ihn annehmen und uns damit versöhnen.

Wenn ich immer wieder und immer noch von „Ossis" und „Wessis" rede, dann nicht, um Teilung festzuhalten oder zu manifestieren. Nein! Ganz gewiss nicht. Ich bin von Herzen dankbar für das Geschenk der Einheit. Nur, es reicht nicht aus, dass diese Einheit eine politische Größe ist. Sie muss erworben, gewonnen, gelebt werden, damit sie eine praktische Größe wird. Das kann nur geschehen, wenn auch die Verschiedenheit wahrgenommen und ernst genommen wird. Einheit ist mehr als ein gemeinsamer Name, mehr als Addition.

Gegenwart und Zukunft kann nicht gelebt werden ohne Vergangenheit. Und die Vergangenheit von 17 Millionen Deutschen in 40 Jahren muss integriert werden in die Gegenwart.

Die deutsche Identität ohne die Geschichte der DDR ist verkürzt und verarmt.

Nach der Begeisterung, ja Euphorie, über die Wende und die Wiedervereinigung Deutschlands haben wir es zu tun mit einer zunehmenden Entfremdung. Die Menschen im Westen klagen über die finanziellen Belastungen und die mangelnde Dankbarkeit im Osten. Im Osten leidet man unter dem Verlust gesellschaftlicher Solidarität und erzählt Geschichten über die „Besserwessis".

Oftmals ist zu beobachten, wie bei Zusammenkünften sich wie von selbst die Gruppen finden. Man bleibt unter sich, die „Ossi" und die „Wessis".

Es ist noch nicht zusammengewachsen, was zusammengehört.

Psychologieprofessoren kamen im Rahmen einer Prüfung ganz zufällig zu einer aufregenden Erkenntnis. Immer, wenn ein Student den Raum verlassen hatte, gaben sie einen Tipp über seine Herkunft ab: Ost oder West? Sie erreichten eine Trefferquote von 100%. Und das hatte nichts mit Zensuren oder Leistung zu tun, sondern mit der Art der Antworten, die auf die Verschiedenheit des Denkens hinwies. Dies Erleben gab ihnen den Anstoß zu einer weiter reichenden Untersuchung.

Ihr Ergebnis: Es gibt in unserer einen Nation zwei Arten des Denkens.[28]

---

[28] Stephan Strohschneider (Hg.), Eine Nation – zwei Arten des Denkens. Vergleichende Untersuchungen in Ost und West. Huber Verlag. Zusammenfassung dieses Buches in: Psychologie Heute, März 1997.

40 Jahre Teilung – Im Vergleich zur Dauer der gemeinsamen Tradition in Deutschland ist das eine relativ kurze Zeit und doch ausreichend, um tiefe Prägungen zu hinterlassen. Und diese Prägungen werden weiterhin überliefert und weitergegeben.

Zwei Arten des Denkens: Der östliche Denkstil „deduktiv – analytisch", der westliche „induktiv – essayistisch", jeweils herausgebildet auf Grund des Weltbildes des jeweiligen Systems. Andere Denkgrundlagen, andere Vorgehensweisen, andere Maßnahmen zur Problemlösung.

Die Untersuchung ergibt: Beide Denkstile haben ihre je eigenen Vorteile und Nachteile. Je nach Problemstellung kommen die einen oder die anderen schneller oder zu einer besseren Lösung.

Schade, wenn nur ein Typ zum Zuge kommt. Das größte Potential liegt in der kreativen Nutzung beider Denkstile.

Olaf Georg Klein gibt in seinem Buch „Ihr könnt uns einfach nicht verstehen"[29] zu bedenken, dass DDR und BRD nach dem 2. Weltkrieg unter kulturell verschiedene Einflusssphären kamen. Die BRD wurde beeinflusst vom amerikanischen Denken und kommt so unter amerikanischen Einfluss in Sprache, Werten und Mentalität. Die DDR stand unter osteuropäischem Einfluss. Damit ist zunächst nicht die Ideologie des Kommunismus gemeint, nicht der Marxismus – Leninismus, sondern nur die „Kultur", die Emotionalität, Mentalität, Sprache, Werte.

Um dies nachzuvollziehen, halten Sie bitte einen Augenblick inne und stellen Sie sich vor, wie weit die typisch „russische Seele" von der US-amerikanischen Kultur entfernt ist.

Um diesen Bezugsrahmen geht es, in dem bundesdeutsche und DDR-Kultur sich entwickelt und voneinander entfernt haben.

Klein stellt dar, wie sich unter diesen verschiedenen Einflüssen verschiedene Kommunikation herausgebildet hat. Und obwohl man überall deutsch spricht, kommt es zum „Kommunikationsschock", weil die jeweilige Art der Kommunikation von ganz anderen Selbstverständlichkeiten und Werten ausgeht.[30]

---

[29] O.G. Klein, Ihr könnt uns einfach nicht verstehen, Frankfurt 2001.
[30] Klein zieht Vergleiche zum Kommunikationsschock zwischen Engländern und Amerikanern und zeigt daran, wie es trotz gleicher Sprache zum Nicht – Verstehen kommt.

Unterschiedliches Denken, verschiedene Werte, andere Sprache – all dies wird weithin überhaupt nicht wahrgenommen. Die Mehrheit setzt sich durch. Ein kreatives Potential bleibt ungenutzt. Die Minderheit zieht sich zurück, u. U. missmutig, grollend, vielleicht mit wachsender Aggression.

Was u. a. gemeint ist, lässt sich z. B. zeigen am Umgang mit der Zeit und dem Zeitempfinden. „Ossis" und „Wessis" „ticken" verschieden. Eigentlich ist es schade, dass das westliche Zeitempfinden (immer schneller, höher, mehr ... Stress, Hektik) unkritisch als das für alle gültige übernommen wird.

Wenn Deutschland in Europa, wie vorne gesagt, eine Leitrolle spielen soll und kann, dann wird es darauf ankommen, die verschiedenen Kulturen in Ost und West nicht einfach nur westlich anzugleichen, sondern wahrzunehmen, wie andersartig die östliche Prägung ist, zu entdecken, welcher Reichtum, welche Gaben in der östlichen Kultur liegen. Innerdeutsche Integration wird eine gute Vorbereitung sein für einen Dienst in Europa.

Dies alles gilt und ist zu beachten, bevor wir dann außerdem das weltanschaulich – ideologische System in gleicher Weise in den Blick nehmen müssen.

DDR – Geschichte basiert auf einer Ideologie, die im deutlichen Gegensatz zum humanistischen Welt – und Menschenbild des Westens steht. Hier haben zutiefst unterschiedliche Prägungen ihre Wurzel.

Ich möchte an dieser Stelle einen kurzen Blick auf drei Dinge werfen, die m. E. wichtige Schlüssel für das Verstehen der Unterschiede zwischen Ost und West darstellen:

1. das Menschenbild:

   In der sozialistischen Schule wurde gelehrt: „Der Mensch unterscheidet sich vom Tier durch den aufrechten Gang und die zielgerichtete Arbeit."

   Arbeit als das, was den Menschen zum Menschen macht. Wir können uns ausdenken, welches Potential hier dafür liegt, die Not der Arbeitslosigkeit ins Unermessliche zu steigern. Wenn Arbeit zur Grundlage der Menschenwürde gehört, dann ist Arbeitslosigkeit ein Angriff auf die Menschenwürde.

Das System der DDR war darauf angelegt, dem einzelnen zu beweisen: „Du hast gar nichts zu sagen!" Wer bist du denn? – Du bist doch nichts!" Der höchste Wert war nicht die Würde des einzelnen, sondern die Durchsetzung der Ziele der Partei der Arbeiterklasse.

Das Selbstwertgefühl wurde angegriffen ... gestört ... vernichtet ... „Ossis" neigen zu Minderwertigkeitskomplexen. Hier liegt eine der Wurzeln für die im Osten vielfach zu beobachtende Depression oder Aggression. Und das besonders dann, wenn Menschen aus dem Osten mit welchen aus dem Westen zu tun haben, die um ihre Würde und ihren Wert wissen.

Die Gleichberechtigung der Frau, bei der es nicht nur um die Gleichwertigkeit zwischen Mann und Frau geht, sondern bei der dann auch die Verschiedenartigkeit der Geschlechter missachtet wird, hat weitreichende Folgen für die Rolle und den Selbstwert der Frau. Hier besteht ein enger Zusammenhang zum nächsten Punkt.

2. Die Institutionalisierung der Erziehung:

Dies war ein von Karl Marx im „Kapital" erklärtes Ziel. In der DDR war dieses Ziel realisiert und in erstaunlicher Weise erreicht worden. Die Folge: Eine Zerstörung der Kernstruktur von Familie. 40 Jahre waren lang genug, um die Substanz anzugreifen und zu zerstören.

Die jetzige Elterngeneration ist schon die 2. bis 3. Generation, die selbst nicht mehr in Familie aufgewachsen und erzogen wurde, sondern von Tanten in Kinderkrippen und – gärten, von Lehrer/innen und Hortnerinnen, von Pionierleiter/innen und FDJ-Sekretären.

Familie ist eine weithin unbekannte Größe. Auf diesem Hintergrund ist zu verstehen, dass die Arbeitslosigkeit für Frauen ein potenziertes Übel ist.

Hier liegt m. E. eine tiefe Wurzel für die weitergehende Zerstörung der Familie, wie wir sie in den letzten Jahren in Gesamtdeutschland beobachten können.

Außerdem liegt hier neben der Begründung im Menschenbild eine der Wurzeln für den Gegensatz zwischen westlichem Individualismus und östlichem Kollektivismus. „Wessi" und „Ossi" erleben Gruppe sehr verschieden und gehen verschieden damit um. Dies hat weitreichende Folgen dort, wo man eigentlich zusammengestellt ist, um gemeinsam ein Ziel zu erreichen.

3. Materialismus:
In der sozialistischen Schule wurde gelehrt: „Die Hauptaufgabe des XIII. Parteitages der SED besteht in der immer besseren Befriedigung der materiellen Bedürfnisse der Werktätigen"
Dies war die dem Volk gegebene Verheißung. Jahrzehnte lang stand sie im Mittelpunkt. Und nie wurde sie Wirklichkeit. Wen wundert es dann, dass nach der Wende die bessere Befriedigung der materiellen Bedürfnisse für (fast) alle im Mittelpunkt stand. Was jahrzehntelang versprochen und nie gehalten worden war, konnte nun endlich, wenn auch ganz anders, aber endlich befriedigt werden. Hier geschah der Übergang vom „theoretischen Materialismus" zum „praktischen Materialismus".

Mir scheint, West und Ost potenzieren sich hier gegenseitig.

Diese drei Punkte waren m. E. Zentralstellen der ideologischen Zerstörung der Menschen in der ehemaligen DDR.

Dazu kommt folgendes: Als 1989 aufgedeckt wurde, wie die Parteispitze in Wandlitz gelebt hatte, lag auf der Hand, wie wiederum Menschen missbraucht worden waren zur Befriedigung einiger weniger. Die einen lebten auf Kosten der anderen.

Macht und Willkür waren Kennzeichen des Systems, dem Menschen letztlich wehrlos ausgeliefert waren.

Was im Blick auf das Dritte Reich zum Thema Missbrauch gesagt wurde, findet im Grunde im System der DDR seine Fortsetzung. Vorheriger Missbrauch wird potenziert durch nochmaligen Missbrauch von Menschen durch ein System und für ein System.

Hier unterscheidet sich Geschichte in West und Ost grundlegend. Das muss Folgen haben für den Umgang mit Geschichte. Das erfordert konkretes Reden, Beten und Handeln.

Es gilt das gleiche wie es vorne schon gesagt wurde: Missbrauch zerstört Identität. Zerstörte Persönlichkeiten versinken weithin in

Depression oder Aggression. Mein Blick in die Realität der ehemaligen DDR zeigt weithin genau diese Reaktion: Depression „Es hat ja doch keinen Zweck!" oder Aggression in schlimmsten rechtsradikalen Äußerungen und Taten.

Hier braucht es Seelsorge an einem Volk. Und das Volk muss selbst seelsorgerlich mit seinen Wunden – und mit seiner Schuld umgehen.

Ich denke immer wieder mit Schrecken daran, dass es 40 Jahre gedauert hat, bis die Schuld des Dritten Reiches ganz bewusst und auf breiter Basis in den Blick und ins Gebet genommen wurde. Versöhnungswege, Versöhnungskonferenzen und Bußkonferenzen für die Schuld des Dritten Reiches haben lange auf sich warten lassen.

Und was geschieht mit der Schuld des nächsten gottlosen, menschenverachtenden, diktatorischen Systems?

Ich will nicht das Dritte Reich und die DDR auf eine Ebene stellen. Und doch muss ich Grundzüge des Prinzips erkennen, die auf dieselben Wurzeln hinweisen.

Wir brauchen den Blick auf unsere Persönlichkeit als Deutsche im Osten, geprägt durch 40 Jahre DDR. Wir brauchen den Mut, den Schmerz wahrzunehmen und zuzulassen, die Wut einzugestehen und rauszulassen. Vieles ist verdrängt, nicht bewältigt. Sonst würden wir nicht vielfach so verletzt reagieren. Rückzug, Depression oder Aggression nehme ich vielfach wahr.

Wir brauchen den Raum, Schuld beim Namen zu nennen. Schuld, die an uns geschehen ist und Schuld, die wir getan haben, in die wir verflochten sind.

Im Blick auf das Dritte Reich ist viel von stellvertretender Buße geredet worden. Die allermeisten haben etwas wahrgenommen von der eigenen Verflochtenheit in die Schuld unseres Volkes oder – wie es vorne heißt – von der „kollektiven Last", die auf einem Volk liegt.

Im Blick auf die DDR-Vergangenheit fällt es uns leicht, auf Distanz zu gehen. Für Menschen im Westen sowieso. Sie haben ja damit nichts zu tun. Wirklich nicht?

Für uns im Osten überwiegt oft das Gefühl, dass wir ja Opfer waren. Nur Opfer? Wirklich?

Und wenn tatsächlich, bleibt für mich dennoch die Frage offen, wie wir vor Gott und Menschen verantwortlich mit unserer Vergangenheit umgehen, so dass wir frei werden von der Schuld, von der Last, von der Bindung, frei werden für die Gegenwart und die Zukunft. Es geht darum, dass wir leben und handeln können ohne schlechtes Gewissen, geheilt von Verletzungen und ohne die Defizite unserer Vergangenheit zu kompensieren.

Da fallen mir die alttestamentlichen Beter ein, ganz besonders Daniel.

Von ihm wissen wir, dass er ein untadeliger junger Mann war, kein Opportunist. In unsere Zeit versetzt, war er ganz gewiss ein treuer Bekenner, nicht in der FDJ, nicht in der Partei. Er nahm Nachteile in Kauf, setzte sein Leben aufs Spiel, sozusagen ein Opfer der Machthaber. Und dann betet er: (Dan 9,4ff)

„Ach, Herr, du großer und furchtbarer Gott, der Bund und Güte denen bewahrt, die ihn lieben und seine Gebote halten! Wir haben gesündigt und haben uns vergangen und haben gottlos gehandelt, und wir haben uns aufgelehnt und sind von deinen Geboten und von deinen Rechtsbestimmungen abgewichen. Und wir haben nicht auf deine Knechte, die Propheten, gehört, die in deinem Namen zu unseren Königen, unseren Obersten und unseren Vätern und zum ganzen Volk des Landes geredet haben. Bei dir, o Herr, ist die Gerechtigkeit, bei uns aber ist die Beschämung des Angesichts, wie es an diesem Tag ist: bei den Männern von Juda und den Bewohnern von Jerusalem und dem ganzen Israel, den Nahen und den Fernen, in allen Ländern, wohin du sie vertrieben hast wegen ihrer Untreue, die sie gegen dich begangen haben. HERR! Bei uns ist die Beschämung des Angesichts, bei unseren Königen, unseren Obersten und unseren Vätern, weil wir gegen dich gesündigt haben.

Bei dem Herrn, unserem Gott, ist das Erbarmen und die Vergebung. Denn wir haben uns gegen ihn aufgelehnt, und wir haben nicht auf die Stimme des HERRN, unseres Gottes, gehört, der uns gebot, in seinen Gesetzen zu leben, die er uns durch seine Knechte, die Propheten, vorgelegt hat. Und ganz Israel hat dein Gesetz übertreten und ist abgewichen, so dass sie deiner Stimme nicht gehorcht haben. Und so hat sich der Fluch und der Schwur über uns ergossen, der im Gesetz des Mose, des Knechtes Gottes, geschrieben steht, weil wir gegen ihn gesündigt haben .... Wir haben gesündigt, wir haben gottlos gehandelt."

So betet ein „Opfer" des widergöttlichen Machtsystems. Das ist es, was Heilung und Befreiung bewirkt, wodurch Identität eines Volkes wieder hergestellt werden kann.

Es hilft uns nicht, die „roten Socken" oder wen auch immer zu beschimpfen. Hier steht m. E. noch eine Umkehr an. Weg von der Verdrängung eigener Verwundungen und Schmerzen hin zur Bitte um Heilung. Weg von der Beschimpfung der Täter hin zur Vergebung und zur Identifikation mit der Schuld unseres Volkes.

Dies alles, weil wir dieses Land und Volk lieben – in seiner Ganzheit mit seiner ganzen Schuld, seiner ganzen Geschichte.

Wenn wir hier Schritte tun, wird Einheit wachsen, sodass wir dann wirklich sagen können: Wir sind ein Volk! Wir haben vor Gott eine Geschichte. Wir haben alle Sein Erbarmen erfahren und als Erlöste haben wir eine Berufung zum Dienst an anderen Völkern.

GOTTES BERUFUNG FÜR DEUTSCHLAND: VATERSCHAFT

Welch ein Geheimnis der Geschichte! Welch ein Geheimnis der Pläne Gottes mit unserem Land!

Vor knapp 2000 Jahren wandern in das Mittelstück des Kontinents germanische Stämme ein, in deren Herzen der „Vater", der „starke Mann", der „Herzog" das Leitbild ihrer Kultur ist. Aus ihrer Mitte erwächst dann das erste europäische Reich unter Karl dem Großen, aus dem sich dann das „Heilige Römische Reich Deutscher Nationen" entwickelt, das über Jahrhunderte hinweg das Rückgrat des Kontinents war. Der deutsche Kaiser war der Anführer Europas, ein Erster unter den Königen des Kontinents. Dann zerfiel diese Vaterschaft Deutschlands für Europa; andere Länder traten nach vorne. Doch noch einmal, im 16. Jahrhundert übernahm Deutschland Leiterschaft in Europa, dieses Mal in geistlicher Hinsicht. Während die kontinentale Bedeutung der deutschen Kaiser des Hochmittelalters längst vergangen ist, hat Gott den geistlichen Impuls Martin Luthers weiterwirken lassen in die Jahrhunderte bis zu uns heute.

Gerade in den Jahren seit der Wiedervereinigung – einem Wunder, das ganz außerordentlich deutlich uns von Gott, dem Herrn der Geschichte geschenkt worden ist – scheint es so, als ob Gott erneut unser Land rufe, für die anderen Länder Europas eine Leitrolle zu spielen.

Deutschland spielt gerade für die neuen osteuropäischen Mitglieder ab 2004 eine entscheidende Rolle im Prozess der Aufnahme wie der Integration in die EU. Deutschland ist auch der größte Nettozahler der EU, d. h. Deutschland zahlt seit Jahren weit mehr ein als es ausbezahlt bekommt. Politisch ist es auch Deutschland, das die Einigung Europas am stärksten vorangetrieben hat. Und alle rechnen damit, dass das so bleibt.

Diese Führungsrolle ist aber ein ambivalentes, zwiespältiges Ding und erst recht seit der Wiedervereinigung. Alte Ängste stehen auf bei den Nachbarstaaten vor einer Dominanz Deutschlands.

Die deutsche Regierung weiß das und versuchte dem bisher auch Rechnung zu tragen. So schrieb die Stuttgarter Zeitung am 12. Mai 1995 (50 Jahre nach Kriegsende): „Helmut Kohl ist unbestritten die Nummer eins in Europa. Die Deutsche Mark ist ebenso unbestritten die Nummer eins in Europa. Und die deutsche Wirtschaft ist die stärkste Wirtschaftskraft auf dem alten Kontinent. Kohl hat recht, wenn er sagt, „die Führungsrolle ist da, nicht weil wir sie suchen, sie ist einfach da". ... Wer aber so unbestritten die Nummer eins in Europa ist wie der Kanzler und das vereinte Deutschland, der sollte eins vor allem meiden: nämlich davon zu sprechen. Gerade wer führt und führen muss, tut gut daran, um Vertrauen zu werben. Der Nummer eins steht Bescheidenheit gut an."

Das hat die deutsche Politik auch redlich versucht. Sie hat sich klein gemacht. Nur wenige Jahre sind seitdem vergangen und doch hat sich manches gewandelt.

Bisher prägte die Außenpolitik des Nachkriegsdeutschlands (West) die „Angst vor der eigenen Stärke" (Eberhard Jäckel). Wirtschaftlicher Riese – politischer Zwerg. Nummer eins zwar – aber psst! nicht darüber sprechen. Latent spielte in dem allen eine unausgesprochene Wiedergutmachungsvorstellung und ein ständiger Nachweis demokratischer Verlässlichkeit und gesamteuropäischer Loyalität eine spürbare Rolle.

Dies ist mit der Regierung Schröder anders geworden. Er machte ein Ende mit der Automatik deutscher Zahlungen in Milliardenhöhe, nur damit es in Europa weitergeht („Scheckbuchdiplomatie"). Dennoch ist Deutschland bis zum jüngsten Agrarstreit mit Frankreich (Oktober 2002) bereit gewesen, wieder zu bezahlen. Dies ist im Angesicht dessen, dass Deutschland wirtschaftlich inzwischen Schlusslicht in Europa ist und einen „blauen Brief" aus Brüssel zu gewärtigen hat, eine fast unerträgliche Vorleistung für die Einheit Europas.

Und doch ist sie zutiefst berechtigt. Wenn Gott diesem Volk die Vaterschaft als innersten Wert ins Herz gelegt hat, dann soll es diese Fürsorge der Vaterschaft auch dann auf sich nehmen, wenn dies nicht mehr nur aus dem Überfluss möglich ist, sondern echt ans Teilen geht. Natürlich gilt es, strikt zu prüfen, ob man dabei ausgenutzt wird. Vom Prinzip her aber darf Vaterschaft auch anstrengend sein. Und die osteuropäischen Länder, nachdem sie die Stärke Deutschlands mit Helm und Stiefel erlebt haben, verlangen danach, die Vaterschaft Deutschlands als Hilfe zur Entfaltung ihrer selbst und als Ermutigung zu erleben.

Sibylle Krause-Burger schrieb in der Stuttgarter Zeitung dazu: „Mit dieser Furcht vor den Abgründen unserer Geschichte sind wir bisweilen an den Rand der Hysterie geraten. Trotzdem hat diese Vorsicht uns lange Zeit genutzt. Nun aber beginnt sie zu schaden. Denn niemand hat noch Angst vor Deutschlands Größe. Aber viele hoffen auf Deutschlands Hilfe."

Es ist meine Hoffnung für Deutschland, dass es seine Vaterschaft als Gottes Berufung erkennt und umsetzt in konkrete Hilfeleistungen für schwächere Nachbarn. Wer aber seine Berufung unter Gottes Anleitung lebt, den wird Gott zum Segen machen und ihn selber nicht zu kurz kommen lassen.

HEILUNG DER NATIONALEN IDENTITÄT –

KONKRETE STATIONEN DEUTSCHER POLITIK SEIT HERBST 2000

Februar 2000: Das „Wächtergebet"[31] beginnt. Eines der ersten und bis heute ungemindert wichtigen Gebetsanliegen war, „dass Deutschland seine gottgegebene Berufung erkennt und in diese Berufung hineinkommt".

Wie aber kann das geschehen?

Müsste man vielleicht versuchen, eine Medienkampagne loszutreten? Außerdem vermeidet doch seit 55 Jahren jeder anständige Politiker, sich zur nationalen Identität der Deutschen zu äußern. Wer es dennoch tut, wird alsbald als rechts-politischer Sympathisant diskreditiert.

Dennoch: dieses Anliegen wurde mit großem Eifer immer wieder gebetet.

Und wie erhörte der Herr?

Oktober 2000: Im Rahmen der Frage der Integration ausländischer Mitbürger gibt der Fraktionsvorsitzende der CDU/CSU-Bundestagsfraktion Friedrich Merz am 12. Oktober 2000 eine Leitlinie vor, an der sich die Integrationsbemühungen orientieren sollten: an der „deutschen Leitkultur".

---

[31] Das „Wächtergebet" ist eine bundesweite Gebetsinitiative, deren Anliegen darin besteht, dass an jedem Tag rund um die Uhr für Deutschland gebetet wird. Inzwischen fanden sich ca. 240 Städte, die jeden Monat an einem bestimmten Tag für Deutschland 24 Stunden beten.

Die unmittelbar und sehr emotional sofort einsetzende Debatte zeigte anschaulich, wie affekt-besetzt der Gedanke einer nationalen Identität der Deutschen – und das als Maß für andere! – war. Auf die sofortige Nachfrage der Journalisten, was denn bitte schön „deutsch" sei, wusste Friedrich Merz zunächst auch keine rechte Antwort. Er hatte den Ausdruck einfach übernommen, von dem syrischen Politologen Prof. Dr. Bassam Tibi, Göttingen, der immer wieder sehr hilfreiche Gedanken (auch nach dem 11. September 2001) in die deutsche Situation einbrachte.[32]

Das CDU-Präsidium überlegte danach, ob sie – wie bisher – das nationale Thema einfach fallen lassen sollten, zumal unter dem Eindruck des Protestes des Zentralrats deutscher Juden. Doch man entschloss sich – Gott sei Dank! – dann dem Begriff der „Leitkultur" einen Inhalt zu geben.

Was ist eine „deutsche Leitkultur"?

Parteichefin Angela Merkel trat vor die Kameras und definierte „deutsche Leitkultur" als

➲ Achtung der deutschen Verfassungs- und Rechtsordnung

➲ Achtung des·abendländisches Werteverständnis, das sich zusammensetzt aus:

  - Antike

  - Christentum

  - Aufklärung

  - Humanismus

➲ Kenntnis der deutschen Sprache

---

[32] Dazu ein Zitat aus der Frankfurter Allgemeinen Zeitung vom 13.10.2000, S.12 unter dem Titel „Leitkultur": „Da nicht alle Kulturen an allen Orten der Welt gleich stark vertreten sind, ist es sinnvoll anzunehmen, dass es regional überwiegende Kulturen gibt – je nachdem, ob man sich in China, Schwarzafrika oder Arabien befindet. Also gibt es auch hierzulande eine vorherrschende Kultur, egal, ob man eine Landschaft, ein Bundesland, Deutschland, die Europäische Union oder das geografische Europa zur Grundlage nimmt. Diese vorherrschende Kultur hat auch eine leitende Funktion, sie setzt Maßstäbe, auf die man nicht verzichten möchte. Zur Leitkultur hierzulande gehören immerhin die Toleranz und der Gewaltverzicht im alltäglichen Miteinander. Nicht allen Kulturen ist das zu eigen."

Zum Schluss fiel bei Angela Merkel noch das Stichwort „deutsche Identität". Dieser Schritt der CDU nach vorne in die Offensive war befreiend. Zum ersten Mal seit Kriegsende hatte eine politische Partei der Mitte den Mut gehabt, sich zum Thema „Deutschland" qualifiziert zu äußern. Und keiner widersprach, weil jeder die Richtigkeit der Antwort spürte.

Leider verband Angela Merkel ihre großartige Äußerung alsbald mit einem Angriff gegen die SPD. Leider, da die Klärung der nationalen Frage nicht nur einer Partei zukommt. Eine Einladung wäre hilfreicher gewesen als eine Abgrenzung!

Dennoch – die Beter spürten: der Herr hatte die Dinge in die Hand genommen und sie erhört.

Jedoch – auch dies typisch für die Situation unseres Landes – versickerte das Thema alsbald wieder. Aber das Gebet ging weiter.

März 2001: Gott hat Humor, er bedient sich sogar der Schwächen eines Menschen.

Umweltminister Jürgen Trittin bringt das Thema erneut hoch – auf seine Art. Trittin regte sich über den Generalsekretär der CDU, Laurenz Mayer auf und dessen Behandlung des Themas „Deutschland". Trittin wirft ihm öffentlich vor, dass ihn Mayers „Deutschtümelei" aufrege und sagt, er „hat die Mentalität eines Skinheads und nicht nur das Aussehen" – was eine Anspielung auf Mayers Vollglatze war.

Ein totaler Tiefschlag. Auf Anweisung des Kanzlers musste Trittin sich öffentlich entschuldigen. Er tat es zähneknirschend.

Aber das Thema war wieder auf dem Tisch. Natürlich in der denkbar ungünstigsten Weise. Und daher auch schnell wieder unterm Tisch.

Mai 2001: Um die Frage der Ausländer, ihrer Zuwanderung und Integration in Deutschland rechtzeitig in Angriff zu nehmen und so diese Frage möglichst nicht zu einem Wahlkampfthema in 2002 werden zu lassen, legt Innenminister Otto Schily den Entwurf eines Zuwanderungsgesetzes rechtzeitig im Mai 2001 vor. Eine breite Diskussion beginnt. Die eigentliche Frage dahinter ist die Frage der deutschen Identität. Wie viel Integration kann denn dieses Land leisten? Wo und wie muss man beschränken? Gehört Deutschland noch den Deutschen oder ist es im Rahmen der EU und der Globalisierung ohnehin ein Schmelztiegel geworden wie die USA?

Eine Diskussion beginnt, die seit der Zuwanderung italienischer und türkischer Gastarbeiter in den 50er Jahren hätte geführt werden müssen, vor der sich aber jede Regierung bisher gescheut hat.

Nun war es so weit.

Vorbereitet durch Diskussionen um die „deutsche Leitkultur" positionierten sich die Parteien: CDU/CSU mit dem Konzept einer rigiden Begrenzung der Zuwanderung, die Grünen mit einem Konzept stärkerer Liberalisierung und dazwischen ein Innenminister, der mit großer Mühe den Spagat eines Interessenausgleichs zwischen beiden Positionen zu bewerkstelligen suchte. Das Ergebnis ist noch offen (Stand: November 2002), da das Bundesverfassungsgericht die Rechtmäßigkeit der entscheidenden Bundesratssitzung vom 22. März 2002 noch feststellen oder verwerfen muss.

Wichtig aber für die Beter war etwas ganz anderes. Auf dem Hintergrund dieser Debatte äußerten sich Bundeskanzler Schröder und Bundespräsident Rau zur Frage der nationalen Identität.

Zum ersten Mal seit Kriegsende kam bei einem öffentlichen Auftritt aus dem Mund eines deutschen Bundeskanzlers der Satz: „Ich bin stolz, ein Deutscher zu sein". Ähnliches sagte auch der Bundespräsident.

Damit war das Eis, fast möchte man sagen: der Bann, der Fluch des Schweigens und der Scham über dem Land gebrochen. Die beiden führenden Repräsentanten des Staates hatten in Übereinstimmung diesen geschichtsträchtigen Satz, diesen für alle Völker in Bezug auf ihre Identität selbstverständlichen Satz nach Deutschland zurück geholt.

Oktober 2001: Dann kam der schreckliche 11. September 2001, der diese Welt veränderte und in seinen Folgen immer noch verändert.

Kanzler Schröder versprach den USA eine bedingungslose Solidarität in der Bekämpfung des Terrorismus. Dies bedeutete aber auch in der Konsequenz die Teilnahme der deutschen Bundeswehr am Afghanistan-Einsatz.

Im Oktober flog Schröder für einen kurzen Besuch in die USA und besuchte in New York den „Ground Zero". Erschüttert kam er zurück und formulierte in Bezug auf eine deutsche Beteiligung an militärischen Aktionen in Afghanistan mit großem Ernst: „Die deutsche Nachkriegsgeschichte ist unwiederbringlich vorbei".

Bei der dann folgenden Abstimmung konnte er sich auf Grund der Grünen nicht sicher sein, ob er seine Regierungskoalition geschlossen hinter sich haben würde oder ob er nur mit den Stimmen der Opposition (die dafür war) den Einsatz durchbringen würde. So riskierte er alles und stellte in diesem Zusammenhang die Vertrauensfrage – und gewann.

Diese dramatischen Abläufe zeigen noch einmal, wie tief verletzt die Deutschen sind was z. B. militärischen Präsenz im Ausland betrifft, wenn es um die Frage ihrer Identität geht; welch enorme Anstrengungen es sie kostet, sich „in einer neuen Weise der internationalen Verantwortung zu stellen".[33] (Kanzler Schröder am 11. Oktober 2001 vor dem Bundestag).

September 2002: Wahlkampf! In USA bereitet Präsident Bush politisch, propagandistisch und militärisch einen zweiten Irakkrieg vor. Plötzlich nimmt Schröder das Thema auf und formuliert in jedem Auftritt öffentlich: mit seiner Regierung gebe es keine Beteiligung von Deutschland an einem Irakkrieg – auch nicht im Falle eines UN-Mandats. Und plötzlich fiel das Wort vom „deutschen Sonderweg". Dies hätte er nicht sagen dürfen, da dieser Fachausdruck alte historische Ängste bei den Nachbarn auslöst und in den USA absolutes Unverständnis.

Abgesehen von dem Ausdruck und von dem Kontext des Wahlkampfes, war es doch von unserer Fragestellung nationaler Identität aus ein mutiger Schritt in eine Richtung, wo England und Frankreich schon lange stehen: nämlich in der Formulierung harter Positionen auch gegenüber anderen Ländern, wenn es das nationale deutsche Interesse verlangt bzw. es der jeweiligen Regierung so scheint. Der Zuspruch, den Schröder bekam, zeigt, dass der Großteil des Volkes sich mit dieser Position identifizierte. Der „deutsche Sonderweg" ist eben nicht mehr automatisch wie im 20. Jahrhundert der Weg des Krieges, sondern ein Weg des Friedens.

Gott will Deutschland neu zum Segen für die Völker setzen.

---

[33] Stuttgarter Zeitung vom 12. Oktober 2001, S. 1

Die deutsche Kollektiv-schuld oder die Frage: Wie oft noch?

„Wie oft muss ich meinem Nächsten vergeben, der an mir sündigt? Genügt es sieben Mal?" Jesus aber antwortete und sprach: „Nicht siebenmal, sondern siebenmal siebzig mal." Das heißt: immer! (Mt 18,22)

Und wie oft soll man seinen Nächsten um Vergebung bitten? Wie lange soll die Nazischuld uns Deutschen angelastet werden? Ist's genug sieben Jahre oder sieben Generationen? Und Jesus antwortete und sprach: - ? -

Es geht hier nicht um die Frage der Vor-Vorfahrenschuld oder stellvertretenden Buße etc., sondern es geht um die Frage einer Kollektivschuld und eine Haftung der Nachfahren für die Sünden der Väter.

Je länger zurück die Ereignisse des Dritten Reiches liegen, desto gereizter wird der Ton der jungen Generation, wenn sie immer wieder mit der Väterschuld konfrontiert wird und sie sich mit dieser identifizieren sollen.

Dazu ein Gymnasiast der 10. Klasse/2001 in einem Aufsatz zum Thema: „Holocaust – soll die Erinnerung immer wieder wach gehalten werden?"

Was uns immer wieder hereingestopft wird, ist, was wir doch mit den Juden angestellt haben. Wir hätten die Synagogen abgebrannt während der Reichspogromnacht und Geschäfte und Gaststätten der Juden während der Reichskristallnacht kaputt gemacht. Wir haben die Juden vergast? Es war nicht ich oder etwa die Jahrgänge zwanzig Jahre zurück. Nein, es waren meine Großeltern, die diese Taten vollzogen haben. Für mich ist dies Geschichte. Doch müssen wir vertraglich Reparationen an Israel zahlen, die uns wohl auf Jahre hinaus an das Dritte Reich und die Juden erinnern werden. Mittlerweile sind wir schon die zweite Generation nach Beendigung des Zweiten Weltkriegs. Und trotzdem müssen wir uns immer wieder dafür entschuldigen, dass unsere Großeltern Schlimmes verbrochen haben .... Warum wird von unserem Präsidenten verlangt, dass er zum Andenken an die Reichskristallnacht nach Frankreich geht? Doch nur aus Schikane. Warum wird von uns verlangt, dass wir Gedenkmäler aufstellen, die eine Fläche von drei Fußballfeldern einnehmen und den Deutschen ein Vermögen kosten?

Dagegen spricht auch, dass diese Ereignisse zwei Generationen zurückliegen und wir damit gar nichts mehr zu tun haben. Aber dennoch werden wir oft darauf hingewiesen, was unsere Vorfahren getan haben. Oft werden wir auch dafür beschuldigt, z. B. vom Ausland, dass wir Schuld daran haben, was damals passiert ist. Es wird einem eingeredet und ein schlechtes Gewissen gemacht. Das beste Beispiel dafür ist, dass letzte Woche die Parallelklasse von einer Lehrerin zu verstehen bekam, dass auch sie am „Holocaust" beteiligt gewesen sind. Und auch wenn sie damals nicht gelebt hätten, heute als Deutsche dafür zur Rechenschaft gezogen werden.

Es ist zwar richtig, dass Deutschland eine grauenhafte Vor-geschichte hat, es ist aber ganz und gar nicht das einzige Land mit einer etwas düsteren Vergangenheit. Wenn man zum Beispiel Amerika anschaut – „das Land der unbegrenzten Möglichkeiten": ich habe noch nie einen Amerikaner sagen hören, dass er nicht stolz auf sein Land ist, trotz der Sklaverei und der Indianervertreibung. Wenn man das beides vergleicht, kann man nicht klar feststellen, welche Vergangenheit besser, d. h. welche weniger schlimm ist.

Auf dem Boden von solchermaßen eingetrichtertem schlechten Gewissen gedeihen Selbstrechtfertigungen jeglicher Art und Zorn auf das Ausland. Es wird dem Rechtsradikalismus und seiner Agitation geradewegs in die Hände gearbeitet. Ein Jugendlicher wie dieser Aufsatzschreiber braucht nur eine „richtige" Begegnung – und er ist in einer Radikalengruppe gelandet.

Natürlich auf ganz anderen gedanklichen und sprachlichen Niveau als dieser Schüleraufsatz, im Prinzip aber dieselbe Frage stellend, steht die berühmte Rede von Martin Walser vom 11. Oktober 1998, gehalten aus Anlass der Verleihung des Friedenspreises des Deutschen Buchhandels in der Paulskirche in Frankfurt. Daraus ein Zitat:[34]

„Kein ernstzunehmender Mensch leugnet Auschwitz; kein noch zurechnungsfähiger Mensch deutelt an der Grauenhaftigkeit von Auschwitz herum; wenn mir aber jeden Tag in den Medien diese Vergangenheit vorgehalten wird, merke ich, wie sich in mir etwas gegen diese Dauerpräsentation unserer Schande wehrt. Anstatt dankbar zu sein für die unaufhörliche Dauerpräsentation unserer Schande, fange ich an weg zu schauen. Wenn ich merke, dass sich etwas dagegen wehrt, versuche ich die Vorhaltungen unserer Schande auf Motive hin abzuhören und bin fast froh, wenn ich glaube, feststellen zu können, dass öfter nicht mehr das Gedenken, das Nichtvergessendürfen das Motiv ist, sondern die Instrumentalisierung unserer Schande zu gegenwärtigen Zwecken. Immer guten Zwecken, ehrenwerten. Aber doch Instrumentalisierung."

Walser leugnet nicht die Schuld der deutschen Vergangenheit, aber beide, er und der Schüler, suchen einen Ausweg aus der Dauerberieselung. Der Schüler mit dem Generationenabstand, und der Schuld auch der anderen Völker; Walser, indem er Motivforschung betreibt und sich durch das Vermuten falscher Motive aus der Schlinge zieht – letztlich dasselbe Verfahren wie der Schüler, der sich auch durch die Sünden der anderen zu entlasten sucht. Kann dies der richtige Weg sein? Kann das Ausweichen auf Sündenböcke die richtige Antwort sein auf die Frage der Deutschen: Wie oft noch?! Wir müssen einen anderen Weg finden, der uns wirklich in die Freiheit führt.

Der Theologe Friedrich Aschoff, Leiter der Geistlichen Gemeindeerneuerung (GGE) unternimmt eine interessante Begriffsverschie-

---

[34] Stuttgarter Zeitung, 8. Dezember 1998, S. 8

bung. Er sagt: Es gibt keine „kollektive Schuld", nur eine „kollektive Last"; nach einer Schuld habe ich ein schlechtes Gewissen, nach einer „kollektiven Last" empfinde ich Scham.

Er sieht den schicksalhaften Zusammenhang von Voreltern und Nachfahren, unterscheidet aber zwischen der Schuld, die den Täter betrifft und der Last, die auch die Nachkommen als Teil der Familie oder des Volkes zu tragen haben.

Steven Spielberg, selber Jude, Regisseur des erschütternd Filmes über den Holocaust „Schindlers Liste" spricht auch über diese Frage offen mit deutschen Jugendlichen:[35]

„Die Deutschen neigen dazu, sich in einem Vakuum von Scham, Bedauern und Schuld zu isolieren. Sie müssten sich umschauen: Auch andere Völker sind zu weit gegangen und haben das Böse über das Gute gestellt....

Es gibt nur einen Weg, mit kollektiver Schande umzugehen, und der ist: die Tatsachen der Geschichte annehmen, sie umarmen. Wenn man Wahrheiten annimmt, wird man diese kollektive Scham auch wieder los..."

Spielberg benutzte dasselbe Argument wie der Schüler, dass andere Völker genau solche schwarzen Löcher in ihrer Geschichte haben. Er gebraucht diese Tatsache aber nicht wie der Schüler, um sich aus seiner kollektiven Haftung zu entfernen, sondern fährt fort, indem er einen gangbaren Weg zeigt, mit geschichtlicher Schuld umzugehen: man darf der „kollektiven Schande" nicht ausweichen oder gar vor ihr fliehen, sondern man muss „die Tatsachen der Geschichte annehmen, sie umarmen". Dieser geradezu zärtliche Ausdruck schockt. Aber es ist genau das, was er sagen will: Gewinne zu den Tatsachen der Geschichte vor denen du fliehen willst, ein tief emotionales Verhältnis. Nur so werden sie ein Stück von dir. Und das ist dann das Ende der Scham.

Dazu noch einmal Spielberg:

„Ich habe mich geschämt, Jude zu sein, und deshalb verstehe ich die Scham der jungen Deutschen so gut. Man schämt sich, wenn man nicht weiß, wer man ist und woher man kommt."

---

[35] Interview mit der Illustrierten „Stern", in: Das war 1998, S. 174-177

In der Terminologie dieses Buches ausgedrückt: Scham ist die Folge mangelnder Identität. Zur Identität jedes Menschen gehört seine Geschichte, seine persönliche, die seiner Familie und die seines Volkes. Wer seine Geschichte – egal auf welcher Ebene – nicht wahrhaben will, wird immer auf der Flucht davor sein. Innerlich verdrängt er und wird krank und nach außen wird er durch diese Furcht erpressbar.

Wer sich traut, die Tatsachen seiner Geschichte anzuschauen, d. h. zu „umarmen", zu integrieren als Teil seiner Person, der wird eine reife Persönlichkeit und wird keine Angst mehr haben vor Anschuldigungen von außen, denn er kann dazu stehen.

Wer diesen Weg zu Ende gegangen ist, für den ist die Frage: Wie oft noch? beantwortet. Er hat für sich die Antwort gefunden: immer und jedes Mal. Immer hat er Anteil an der Geschichte seines Volkes und jedes Mal, wenn er als Deutscher darauf hin angesprochen wird, ist er bereit, die Schmerzen des anderen mitzutragen, sich zu seiner Geschichte zu stellen und den anderen um Vergebung zu bitten.

Dieser innere Weg zum Ja zur deutschen Geschichte und damit zu einer befreiten deutschen Persönlichkeit ist wirklich freiwillig und sollte der jungen Generation angeboten und vorgelebt, nicht aber aufgezwungen werden. Das Ergebnis wird sie überzeugen, vor allem, wenn es untermauert wird mit einem persönlichen Zeugnis.

Solch ein Zeugnis ist die Erzählung einer jüngeren Frau, die die Versöhnungskonferenz zwischen Deutschen und Holländern im Mai 1995 in Arnheim miterlebt und sehr persönlich beschrieben hat.

Worship Conference, Arnheim 1995, „In Your Presence"
von Barbara Schacke

Ich wusste natürlich schon vor dieser Konferenz, dass die Holländer wegen der Geschehnisse des Zweiten Weltkrieges mit uns deutschen Probleme haben. Was ich jedoch nicht wusste, war, wie tief und wie hartnäckig der zugefügte Schmerz und das daraus resultierende Urteil und die Ablehnung uns Deutschen gegenüber in den Holländern war.

Das wurde mir erst bewusst, als eine der holländischen Übersetzerinnen (ca. 37 Jahre alt) mit dem Wunsch nach einem

Gespräch auf mich zukam. Sie begann zu erklären, dass sie uns Deutschen so gern vergeben wolle und dies während der Versöhnungsveranstaltung auf der Konferenz auch mitgebetet habe, dass sie uns Deutschen gegenüber aber nach wie vor Widerstand und gleichzeitig Furcht empfinde. Sie erzählte mir, dass ihr Vater während der Besatzungszeit der Deutschen in Holland im Widerstand gekämpft habe und in Gefangenschaft geraten sei. Als er verwundet zurückkehrte, sei er ein völlig veränderter Mensch gewesen, worunter natürlich die ganze Familie gelitten habe. Außerdem sei der Bruder ihrer Mutter während dieser Besatzungszeit umgekommen. Sie sagte, sie habe tief in sich eine starke Angst, dass wir Deutsche, wenn sie uns vergäbe, wieder neu erstarken würden und als größeres und wirtschaftlich stärkeres Land die Holländer wieder beherrschen könnten. Sie weinte, während sie mir dies erzählte und ich spürte, dass es für sie ein richtiger Kampf war, uns zu vergeben.

Ich begann, ihr ein wenig von mir, von uns Deutschen, zu erzählen. Ich sagte ihr, dass mir bei der Fahrt durch Arnheim aufgefallen sei, dass einige Leute die holländische Flagge im Garten hängen hätten und dass wir (die nicht extrem Rechten) Deutschen so etwas nie wagen würden. Ich berichtete von meiner Amerikareise 1987, auf der ich das erste Mal gespürt hatte, dass mir jegliche Identifikation mit meiner Nation, außer der Identifikation mit unserer Schuld, fehlte. Ich spürte den Amerikanern ab, wie stolz sie auf ihre Nation waren und schämte mich oft, wenn bei irgend einem Tischgespräch das Thema auf das Dritte Reich oder die Juden kam. Ich empfand damals, dass wir keine Identität hatten, als die der unmenschlichen Barbaren und Judenmörder.

Dann erzählte ich ihr von meinem ersten Besuch in Israel 1986. Ich war in einem kleineren Holocaust Museum auf dem Berg Zion und war, obwohl mir die Fakten schon zuvor klar gewesen waren, tief betroffen von dem, was ich dort sah. Die Tränen zurückhaltend lief ich aus dem Museum heraus, an dessen Tür ein Posten stand, der mich aufforderte, mich in das Gästebuch einzutragen. Ich schrieb meinen Namen dort hinein, sah erst dann, dass ich in die nächste Spalte hätte meine Nationalität eintragen sollen und ließ die Spalte einfach aus. Der Museumsangestellte wollte mir helfen und sagte mir, dass ich dort mein Land eintragen müsse. Da konnte ich meine Tränen nicht mehr halten und während ich ihm entgegenschluchzte „I can't!" („ich kann nicht!"), lief ich heulend heraus und suchte einen stillen Ort hinter einem Olivenbaum, an dem ich mich ausweinen konnte.

Während ich erzählte, saßen die Holländerin und ich einander gegenüber und weinten beide. Als wir gemeinsam beteten, als ich sie um Vergebung bat für das, was mein Volk ihrer Familie und ihrem Volk angetan hatte, und sie uns Vergebung zusprach, lagen wir uns lange schluchzend in den Armen. Ich sagte ihr, dass ich ihr nicht versprechen könne, dass wir Deutschen nicht wieder negativ erstarken würden und dass wir deshalb die Gebete der Nationen so dringend notwendig hätten, um in der Berufung Gottes für unser Land würdig zu wandeln.

Diese kleinere Randgeschichte war nur ein Teil dessen, was in Arnheim im Mai 1995 geschah. Nachdem während einer Abendveranstaltung stellvertretend für unsere beiden Nationen auf der Bühne ein Akt der Versöhnung stattgefunden hatte, brach eine solche Freude auf, die man, nach der nach außen recht unemotionalen Versöhnungsgeste, nicht hätte spielen können. Die deutschen Teilnehmer waren dann aufgefordert, auf die Holländer zuzugehen und sie zu segnen. Ich war bei weitem nicht die einzige, die Tränen überströmt den Abend beendete, als ich in den Armen eines älteren holländischen Ehepaares lag, sie mir versicherten, dass sie uns doch vergeben hätten oder als ich für einen älteren Herrn betete, der gar nichts mehr sagen konnte...

Gott hat uns Versöhnung geschenkt in Arnheim. Und Gott hat uns Deutschen neuen Mut geschenkt, unsere Berufung anzunehmen und den Nationen zum Segen zu werden. Uns nicht mehr zu schämen wegen unserer Vergangenheit, sondern gerade, weil die Gnade umso größer geworden ist, diese Gnade weiterzugeben und weiterzugeben und weiterzugeben! Das ist unsere Identität als Deutsche! Wir wollen weder in diesem schamhaften Bewusstsein, die Nachkommen Hitler-Deutschlands zu sein, bleiben, noch wollen wir als das Volk des Wirtschaftswunders definiert werden. Unsere Identität ist, ein Volk zu sein, dem Vergebung widerfahren ist und wem viel vergeben ist, der liebt viel. Und das wollen wir von ganzem Herzen: die Nationen lieben und den Nationen dienen.

Die Frage – wie oft noch? ist damit beantwortet: die Schuld meiner Geschichte gehört immer zu mir und jedes mal, wenn sie mir vorgehalten wird von einem verletzten Menschen, habe ich die Chance, zur Heilung beizutragen durch die Bitte um Vergebung. Meine Geschichte gehört zu mir als Deutscher und niemand kann mich mehr aus dieser meiner Identität vertreiben. Nach diesem „Ja" ist es schön, ein Deutscher zu sein. Dann kommt auch wieder in den Blick – und zwar nicht als falsche Selbstrechtfertigungen oder Kompensation von Nazideutschland – es kommt ganz natürlich wieder in den Blick, dass unsere deutsche Geschichte ja weiter reicht als 1933, dass unsere Geschichte ja auch geprägt worden ist von Namen wie Bismarck oder Friedrich II. Barbarossa, wie Thomas Mann, Goethe und Walter von der Vogelweide, wie Beethoven und Bach, Luther und Zinzendorf, Thomas von Aquin und Immanuel Kant, wie Robert Koch und Einstein oder Daimler und Bosch. Alle diese Namen und die Leistungen, für die sie stehen, die weit über Deutschland hinaus Wirkungen hatten, gehören alle auch zu meiner Identität, das wissen auch die Ausländer. Aber darauf zu verweisen, ist erst befreiend – für mich und für die andern – wenn spürbar ist, dass Nazideutschland, Hitler, Goebbels und Höss von mir als Teil meiner Identität fraglos bejaht worden sind.

Zwischenfrage:
Wie soll ich Hitler in meine deutsche Identität integrieren, wenn ich ihm doch im Gebet abgeschworen und mich von ihm gelöst habe?
Antwort: Die Absage gilt den Fluchwirkungen jener Zeit; dies ist ein geistlicher Vorgang, vollzogen in der Autorität Jesu Christi, der an seinem Kreuz alle Flüche der Menschen getragen und zerbrochen hat und uns darum allein von ihnen frei machen kann (Gal 3,13).

Und er tut's! – Wovon wir aber nicht befreit werden – leider! – das ist die Faktizität des Geschehenen. Weder im Persönlichen, noch im

Nationalen enthebt uns Christus der Geschichte, sondern nur dem Fluch der Geschichte. Vom Fluch der geschichtlichen Tatsachen können wir uns absagen und lösen, die Tatsachen aber als solche müssen wir stehen lassen und als Teil unserer Geschichte bejahen. – Wer aber kann dies leisten? Der Ehrliche, jeder Aufrichtige. Wer aber kann dabei durchbrechen zur Freude und zur Gewissheit einer neuen Identität? Die durch das Blut Jesu Gereinigten und Befreiten.

Was sie persönlich oft erlebt haben, ergreifen sie im Glauben nun auch für die „corporate identity" unseres Landes: dass Gott auch die Sünden eines ganzen Volkes vergeben kann (z. B. „ER wird Israel erlösen von allen seinen Sünden" Psalm 130,8).

Mit der Wiedervereinigung von Ost- und Westdeutschland hat Gott ein unverkennbares Ausrufezeichen hinter diese Glaubensaussage gemacht.

Darum darf sich dieses Land aufrichten, seine Erlösung glauben und annehmen und soll Gott darüber preisen.

Denn „barmherzig und gnädig ist der Herr, geduldig und von großer Güte. Er wird nicht immer hadern, noch ewig zornig bleiben. Er handelt nicht mit uns nach unseren Sünden und vergilt uns nicht nach unserer Missetat. Sofern der Morgen ist vom Abend, lässt er unsere Übertretungen von uns sein. Wie sich ein Vater über Kinder erbarmt, so erbarmt sich der Herr über uns, die wir ihn fürchten und lieben. (Psalm 103,8-10;12-13).

VISION EINES DEUTSCHLAND NACH GOTTES MASS

EIN RAP VON EVA WIENBEUKER, CLAUDIA LEMPERLE

Land meiner Väter (Long Prayer Version)

Du sollst ein Land sein, das ein neues Zeichen trägt,
wo man den Nächsten liebt und einander versteht,
wo man dem Schwachen hilft und den Fremden umarmt,
wo einer sich über den anderen erbarmt.

Du sollst ein Land sein, in dem Versöhnung konkret wird,
wo Einheit, Vergebung und Frieden gelebt wird,
wo die Menschen sich achten, sich respektvoll betrachten,
Generationen zusammenstehen, sich nicht mehr verachten.

> Heiliger Geist,
> erfülle mein Land,
> das Land meiner Väter!

Du sollst ein Land sein, in das lebendiges Wasser strömt,
das Totes aufweckt, wiederherstellt und Menschen miteinander versöhnt,
wo auf dürrem Land neue Pflanzen wachsen,
in der Öde endlich wieder Menschen lachen,
wo nicht mehr Hass, Angst und Bitterkeit
Verzweiflung tief in unsere Seelen treibt,
sondern Glaube, Respekt und die Sehnsucht nach Frieden
sich in Hoffnung und Freundschaft widerspiegeln.
Du bist mein Land, zu dem der große Gott gesprochen hat.

Jetzt ist die Zeit, Dinge klarzumachen,
Versöhnung und Vergebung anzufachen.
Wir stehen auf und fangen an zu beten,
wollen das Kreuz und den Namen Jesus anbeten
und erheben über dieses Land Deutschland.
Deutschland soll Gott gehören voll und ganz.
Nimm deinen Platz endlich ein.
Bring Menschen hervor, die lieben und dienen.
Gott hat dich berufen, ein Segen zu sein.

> Heiliger Geist,
> erfülle mein Land,
> das Land meiner Väter!

> Komm mit deiner Liebe
> in unser Land!
> Komm mit deiner Liebe
> auf Deutschland!

© CZF 1999
Text: Eva Wienbeuker, Claudia Lemperle
Musik: Claudia Lemperle

EINE HYMNE

Hymne auf die Erlösung Deutschlands

Hinweg, hinweg das blutige Tuch,
hinweg von uns, ihr Schatten der Toten!

Nicht länger stehen sie mehr da die 6 Millionen
Wie in Yad Vashem starr mit geöffnetem Schlund.

Erhoben zu Gott im Himmel in deinen Armen, o Israel,
deine Kinder, nicht mehr allein erhoben von dir,

sondern von uns mit erhoben gemeinsam, gemeinsam
zum Gott Abrahams, Isaaks und Jakobs,

erhoben zu Gott der Schrei in tausendfältiger Klage
erhoben zu Gott vereint mit dem Stöhnen entsetzter Büßer.

Das „Gott, mein Gott, warum hast du mich verlassen?"
vermengt mit dem „Kyrie eleison" der Tätersöhne,
und den Reuetränen der Kindeskinder.

Vergangen, vergangen, nicht wegen verflossener Jahre,
sondern vergangen wegen vergossenem Blut.

Blut Gottes durchdringt und umringt, umarmt und erbarmt sich
Segnend des verfluchten, vergossenen Menschenblutes,
rinnt ineinander und beginnt zu schreien:

„Versöhnt, versöhnt ist auf der Erde das Blut,
das vergossene Blut des unschuldigen Abels".

Vom Fluch-Holz rinnt der Strom, der Blutstrom des Heiligen Gottes,
zu heilen das Land der vielfach Verfluchten vom Fluch.

Nimm Land, Deutschland, empfang diese Ströme von Blut,
doch dies Mal vom Kelch des Kreuzes versöhnendes Blut.

Nimm hin und trink von heiligem Trank,
sei gereinigt darin! Nun sprich deinen Dank:

„Lobe den Herrn meine Seele
und vergiss nicht, was er dir Gutes getan,

der dir deine Sünden alle vergibt
und heilet deine Gebrechen alle,

der dein Leben vom Verderben erlöst,
und dich krönt mit strahlender Gnade.

Der dich durch Gerichte führte, will dir nicht für immer zürnen,
wird dir eilends vergeben, wann immer du rufst.

So weit wie der Abend der Schande vom Morgen der Gnade –
lässt Gott deine Schmach jetzt von dir genommen sein.

Denn wie sich ein Vater über Kinder erbarmt,
wird sich der Herr auch deiner erbarmen".

Fasst es ihr Deutschen, ja, fass es, du Land:
Du hast einen gnädigen Vater – mein Vaterland.

Erhebe dich neu in der Kraft dieses Herrn
und tu seine Werke und tu sie jetzt gern.

Nationale Symbole – Gradmesser der Heilung

Was ist ein Symbol?
Symbol ist ein griechisches Wort und heißt „das Zusammengeworfene". Was wird zusammengeworfen? Der ursprüngliche Vorgang war: wenn zwei Freunde sich verabschiedeten, zerbrach man ein Tongefäß. Wenn nun einer dem andern einen Boten sandte, gab er ihm seinen Teil mit, um zu beweisen: dieser Mann kommt von mir.

Symbolon ist von daher, dass zwei getrennte Teile zusammengefügt werden und somit ein Ganzes entsteht.

Übertragen heißt „Symbol" also: ein geistiger Inhalt wird durch einen realen Gegenstand versinnbildlicht und kann u. U. mit diesem derart verschmelzen, dass Gegenstand und geistiger Inhalt praktisch eins werden.

Jeder Gegenstand kann zum Symbol für einen geistigen Inhalt werden. So machte der Vogt Gessler in Schillers „Wilhelm Tell" seinen Hut, den er auf eine Stange steckte, zum Symbol der Habsburger Macht und jeder, der vorbei kam, musste den Hut grüßen, indem er sich verneigte und seinen Hut abnahm.

Alle „corporate identities" schaffen sich Symbole, um dem Wir-Gefühl ihrer Gemeinschaft einen Erkennungs- und Identifikationsfaktor zu geben. So hat jede Firma ihr Logo und jeder Staat dieser Welt eine Flagge. Viele haben darüber hinaus noch Wappentiere („deutscher Adler" im Bundestag) oder eine Wappenpflanze („deutsche Eiche", Kirschblüte für Japan etc.). Israel hat an dieser Stelle einen Gegenstand gewählt: die Menorah, den siebenarmigen Leuchter.

DIE DEUTSCHLAND-FAHNE

Nach dem Zusammenbruch 1945 war klar, dass der neue Staat mit seiner völlig neuen Verfassung auch ein neues nationales Symbol brauchte. Die Bundesrepublik Deutschland gab sich an Stelle des Hakenkreuzes den „Bundesadler", der im Plenarsaal des Bundestages und auf deutschen Münzen zu sehen ist.

Um jede falsche Assoziation zu verhindern, griff man auch nicht auf die schwarz-weiß-rote Flagge des Kaiserreichs zurück. Man besann sich vielmehr auf die Farben der ersten zaghaften Anfänge der Demokratiebewegung in Deutschland im 19. Jahrhundert.

Seit den Tagen der Befreiungskriege aus der Herrschaft Napoleons 1813/15, spielten die Farben Schwarz-Rot-Gold (S-R-G) eine Rolle. Zuerst im „Lützower Freikorps", dann bei der Entstehung der national gesonnenen studentischen Burschenschaften, vor allem aber bei dem gewaltigen Hambacher Fest im Mai 1832, zu dem 30 000 Menschen aus ganz Deutschland zusammenströmten. Auch sie trugen S-R-G Fahnen, so dass diese Farben zum Zeichen wurden für ihre Forderungen nach Freiheit, Demokratie und Einheit der Nation (die damals noch in 35 souveräne Fürstentümer zersplittert war). In das Rot der Hauptfahne eingestickt waren die Worte: „Deutschlands Wiedergeburt". In diesen Jahren entstand auch das Lied, das dann zur Nationalhymne wurde und diese drei Werte besingt: „Einigkeit und Recht (Demokratie) und Freiheit für das deutsche Vaterland".

Im März 1848 kam es dann zur Revolution, wieder unter diesen Farben. Dieses Mal setzte sich das Volk gegen Adel und Monarchie durch und im Mai 1848 fand in der Paulskirche in Frankfurt die erste Versammlung gewählter Volksvertreter auf deutschem Boden statt – und zwar aus Gesamtdeutschland. Über ihnen hing ein überdimensionales Gemälde, das die Germania mit der S-R-G-Fahne zeigte – Symbol der Freiheit. Doch es folgte die Restauration der Fürstenmacht, so dass das erste deutsche Parlament im September 1850 die Fahne der Freiheit wieder vom Turm holte und seine Pforten schloss.

Die Einigung der Kleinstaaten vollzog sich dann unter der Führung Preußens unter der Leitung von Otto von Bismarck. Dieser wählte für das neue „deutsche Reich" die Farben Schwarz-Weiß-Rot.

Erst mit dem Ende des Kaiserreiches 1918 erschien in der Weimarer Republik wieder die Fahne der Freiheit und Demokratie.

Als Hitler die Macht übernahm, führte er für sein Regime die Hakenkreuzfahne ein, verwendete dabei aber die Farben Schwarz-Weiß-Rot, also nicht die Farben der Demokratie.

Von daher war es folgerichtig, dass sich das Nachkriegsdeutland alsbald auf die alten Farben besann, im Osten versehen mit den Zusätzen von Ährenkranz, Hammer und Zirkel.

Diese Fahne spielte aber im westlichen Nachkriegsdeutschland so gut wie keine Rolle im Leben des Volkes. Zu offiziellen Anlässen wurde zwar offiziell beflaggt. Das war's dann aber schon. Privat spielte die Fahne im Leben der Deutschen keine Rolle mehr. Anders in der Schweiz oder in Norwegen, fast in jedem anderen Land. Da haben viele Bürger einen Fahnenmast im Vorgarten, wo sie ihre Flagge zeigen, sooft sie wollen, mindestens aber am nationalen Feiertag.

Nicht so die Deutschen!

Sie kennen es noch, die Älteren, das Lied von der Fahne und haben es vielleicht selber noch geschmettert:

„Führer, dir gehören wir,

wir Kameraden, wir.

Unsere Fahne flattert uns voran,

unsere Fahne flattert uns voran,

unsere Fahne führt uns in die Ewigkeit,

unsere Fahne ist mehr als der Tod."

Die Fahne als Symbol der nationalen Identität. Selbstverständlichkeit für alle anderen, zerbrochen bei uns und gemieden darum auch als Symbol. Am Missverhältnis der Deutschen zu ihrer Fahne lässt sich der Schmerz und die Scham ihrer nationalen Identität deutlich erkennen und ablesen.

Die Farben:

Aus der Sicht dieses Buches und seines Anliegens will ich versuchen, meinerseits eine Deutung, eine geistliche Interpretation dieser drei Farben vorzulegen, die mit der Identität Deutschlands und seiner Heilung durch Gott zu tun hat.

Schwarz:
> das ist die Sünde unseres Landes vor Gott und vor Menschen. Das ist Nazi-Deutschland. Aber es ist ebenso die Sünde der Gegenwart, der Tod von hunderttausenden Kindern, die im Mutterleib gemordet werden ... und noch vieles mehr. Alle Schuld unseres Landes – das ist schwarz.

Rot:
> das ist das Blut Jesu. Das Blut des Lammes Gottes, das der Welt Sünde trägt. Das Blut Jesu ist mächtiger als das vergossene Blut aller in diesem Land Ermordeten. Es schreit lauter zum Himmel als das Blut Abels. (1. Mose 4,10)
>
> Wenn wir dies nicht erfassen und nur stehen bleiben beim Beklagen unserer Schuld, werden wir als Volk nie mehr aus der Depression, der Scham und der Ablehnung unseres Selbst herauskommen. Beter, die Buße tun über den Sünden des Landes und nicht durchdringen zur Kraft des Blutes Jesu, beten sich depressiv.
>
> Gott will, dass wir zu unserer Schuld stehen. Das können wir aber nur, wenn wir gleichzeitig erkennen und es im Glauben festhalten, dass Jesu Blut auch unsere Schuld als deutsche Nation bedeckt. Gott wird geehrt durch solchen Glauben. Wer soll denn die Erlösung durch das Blut Jesu über unserem Land proklamieren, wenn nicht die Christen? Vorausgesetzt, sie können es fassen.

Gold:
> das ist die Farbe des Ewigen, die Farbe Gottes und seiner Herrlichkeit. Jes 60,2 Teil der Vision von John Mulinde über Deutschland: *„... aber über dir geht auf der Herr und seine Herrlichkeit erscheint über dir".* Gold, das sind all die guten Absichten Gottes mit unserem Land und all der Segen, den er uns geben möchte und durch uns anderen Völkern.

Aber wenn das von Gott her so ist, warum erheben wir das Schwarz der Schuld dann an die oberste Stelle? Sollte dies dem Gefühl der Nachkriegsgeneration entsprochen haben („Asche auf unser Haupt"), so entspricht es doch heute nicht mehr der Situation unseres Landes, weder politisch noch geistlich. Gott ist doch mit uns inzwischen einen Weg gegangen!

Ist dies nicht genau das, was ausländische Christen immer wieder gesagt haben, dass sie geistlich über Deutschland immer so etwas wie eine dunkle Wolke hängen sehen.

Wollen wir denn in ewiger Selbstverdammnis diesen schwarzen Balken für alle Zeiten über uns lassen? Eine von Gott veränderte nationale Identität verlangt auch nach einem angemessenen Ausdruck im nationalen Symbol.

Wir können bestimmt die Bundesregierung im Moment nicht dazu bewegen, die Anordnung der Farben zu ändern. Aber wir können sowohl für uns (wo immer wir beten) in einem prophetischen Akt die Fahne umdrehen und damit bezeugen:

Nein, die Sünde unseres Landes ist nicht über uns, sondern sie ist unter unseren Füßen. Der Herr hat sie unter unsere Füße getreten und Er selbst hat das Blut Jesu Christi darüber gebreitet jetzt und für alle Zeiten. „Wir sind frei unendlich frei – hab Dank dafür, Herr Jesus Christ!"

Und so begreifen, verstehen und ergreifen wir, was Gottes eigentliche Berufung ist über unserem Volk und Land: seine Gnade leuchtet golden über Deutschland und das sollen wir sehen und besingen. Wir vergessen nicht die Schuld unseres Landes, es ist auch kein nationaler Triumphalismus, religiös verbrämt, wie bei den „Deutschen Christen", dem wir hier das Wort reden, sondern es ist der Glaube der Zerbrochenen, die durch das Blut Jesu geheilt, sich trauen, den Blick zu Gott neu zu erheben und, in großer Erschütterung über so viel Erbarmen, Gottes Berufung für Deutschland neu ergreifen.

Der ursprüngliche und gute Plan Gottes mit Deutschland soll wieder durch die Erlösung in Jesus zum Tragen kommen. Das ist „redemptive purpose" konkret. Die Erlösung stellt die Werke Gottes in ihrer ursprünglichen Ordnung wieder her.

DIE NATIONALHYMNE

Es war bei einem großen Männertag im Oktober 1999. Über 1000 Männer aus ganz Deutschland im Saal. Ich hatte einiges zur Erklärung vorausgeschickt, bevor ich die Versammlung bat, mit mir zusammen das „Deutschlandlied" zu singen. Eigentlich ein ganz, ganz normaler Vorgang, der aber die Veranstalter alsbald veranlasste zu sagen, dass die Organisation nicht „rechtslastig" sei etc. etc. Nach der Versammlung kamen viele auf mich zu und diskutierten lebhaft mit mir über unsere nationale Identität usw. Dabei – daran erinnere ich mich noch gut – sagte ein junger Mann von ca. 25 Jahren, er habe heute zum ersten Mal in seinem Leben die Nationalhymne gesungen. Aus innerer Blockade bisher nicht. Er kannte sie kaum im Wortlaut.

Dazu aus der Stuttgarter Zeitung (11.09.01)
Respekt vor Hymne und Flagge
Oberlehrer Koch

> Wenn Roland Koch die Lehrpläne umschreiben dürfte, stünden zwei Lernziele ganz oben: Strammstehen und Auswendiglernen, Schwarzrotgold und die Hymne. Hessens Ministerpräsident gebärdet sich als Oberlehrer der Nation: Unsere Schüler sollten gefälligst Respekt vor der Flagge zeigen und das Deutschlandlied beherrschen, diktiert er – und würde gerne die „nationale Identität" als zentrales Thema auf den Stundenplan setzen.

Der sarkastische Ton mancher Medien, wenn es um das Nationale geht, zeigt immer wieder, wie viel an unserer Identität noch zu heilen ist. Was ist denn dabei, wenn die Menschen eines Landes sich erheben, wenn sie ihre Hymne – und das natürlich auswendig! – singen. Und wenn dies nicht in der Schule gelernt wird, wo denn sonst? Wollte Gott, dass die Frage unserer nationalen Identität in einer guten, gewinnenden Weise als „zentrales Thema auf den Stundenplan" stünde. Bis jetzt wird viel Schuldbewusstsein eingepaukt. Möge die Vision einer Berufung dieses Landes für sich und andere bald dazu treten.

Anders als bei der Flagge entschieden sich die Gründungsväter dieser Republik bei der Hymne. Sie wählten kein neues Lied – was sie hätten tun können; sie änderten auch nicht die Melodie – warum auch: sie stammt aus dem Kaiserquartett von Joseph Haydn (18. Jahrhundert), sondern sie entschlossen sich, vom Deutschlandlied die dritte Strophe als Hymne des neuen Staates zu nehmen.

Das Lied stammt von August Heinrich Hoffmann von Fallersleben und erwuchs aus einer Zeit großer nationaler Liebe zum Vaterland, die Zeit in der sich auch die Demokratiebewegung entwickelte, eine Zeit mit starken Emotionen. So klangen für Hoffmann von Fallersleben Worte wie „Deutschland, Deutschland über alles, über alles in der Welt" warmherzig und waren Ausdruck einer Heimatliebe, die auch zu Opfern bereit war.[36] Dass diese Worte einmal missbraucht würden, um mit Soldatenstiefeln Europa nieder zu trampeln und alles andere in der Welt außer Deutschland zu unterdrücken – das freilich, das konnte der Dichter des „Jungen Deutschland" Hoffmann von Fallersleben nicht ahnen.

Darum war es berechtigt, diese Hymne beizubehalten, ihre missbrauchten ersten zwei Strophen aber wegzulassen und nur noch die dritte Strophe zu singen:

Einigkeit und Recht und Freiheit für das deutsche Vaterland.

Danach lasst uns alle streben brüderlich mit Herz und Hand.

Einigkeit und Recht und Freiheit sind des Glückes Unterpfand.

Blüh im Glanze dieses Glückes, blühe deutsches Vaterland!

Blüh im Glanze dieses Glückes, blühe deutsches Vaterland!

Es gibt in jedem Land ein Lied, das die Nation als ihr Lied betrachtet und zu besonderen Anlässen singt. Aber wie verschieden sind diese Hymnen!

In England: „God Save our Gracious Queen" – ein devotes Lied der Verehrung der Königin, zugleich ein Gebet, aber sehr im nationalen Interesse.

Frankreich singt die Marseillaise, ein blutrünstiges Lied aus der Zeit der französischen Revolution 1789, des Kampfes der Bürger gegen die Heere der Monarchie, die mit der Enthauptung Ludwigs XVI.

---

[36] August Heinrich Hoffmann von Fallersleben (1798-1874) verlor um seiner politischen Lieder willen seine Stellung als Professor in Breslau. Er dichtete 1841 auf Helgoland die spätere Nationalhymne: „Deutschland, Deutschland über alles".

1793 endete. „Allons enfants de la patrie ..." Im Widerstand gegen die deutschen Besatzer hatte die Marseillaise sicher noch einmal eine große nationale Bedeutung. Aber heute?

Wie gut und zeitlos sind wir da dran mit unserer Hymne. Ist sie nicht ein Segen über dem Land, auch wenn Gott nicht direkt angerufen wird:

„blüh im Glanze dieses Glückes, blühe deutsches Vaterland!"

Und die Werte, die angesprochen werden, sind bleibende, tragende Werte eines Staatswesens, die, wenn sie reflektiert gelebt werden, ein Land wohl zum Blühen bringen können.

Einigkeit:
➲ Gemeinsinn
➲ Einander helfen in Nöten
➲ Demokratische Verfassung
➲ Interessenausgleich wie z. B. beim Bündnis für Arbeit
➲ Das deutsche Sozialversicherungswesen etc.

Recht:
➲ Grundgesetz
➲ Rechtsstaatliche Ordnung
➲ Ordnung und Ordnungen/Gesetze
➲ Unbestechlichkeit
➲ Polizei als Hüter des Rechts
➲ Unabhängigkeit der Gerichte
➲ Rechtschaffenheit als Bürgertugend

Freiheit:
➲ Freiheit als Grundrecht
➲ Würde des Menschen
➲ Menschenrechte
➲ Freie Meinungsäußerung
➲ Freie Glaubensausübung
➲ Toleranz als Grundwert der Gesellschaft
➲ Freie Marktwirtschaft

Es sind – das muss man sagen – typisch deutsche Werte, d. h. „männlich" ausgedrückt und definiert. „Weiblich" ausgedrückt würden diese Beziehungsbegriffe vielleicht heißen: Freundschaft statt abstrakt „Einigkeit", Liebe statt formal „Recht" und Offenheit statt allgemein „Freiheit". Wir stehen wieder vor dem Phänomen, dass das deutsche Wesen vom starken Mann her empfindet bis hinein in die Grundaussagen seiner Nationalhymne.

Wie wenig selbstverständlich ist es doch, dass diese Werte in unserem Land als staatstragend angesehen werden, denn es ist eine schmale Gratwanderung zwischen dem Gegenteil dieser Werte einerseits und der Übersteigerung dieser Werte auf der anderen Seite – Verzerrungen, die wir von beiden Seiten sehr gut kennen aus Vergangenheit und Gegenwart.

Zu Einigkeit:
Kennen wir als deren Gegenteil auch
➲ die Erziehung zur Kritik und die typisch deutsche Kritiksucht,
➲ die antiautoritäre Grundhaltung, emanzipatorische Jugendarbeit, die Auflehnung und Rebellion erzeugte,
➲ heute die große Uneinigkeit zwischen Ost und West.
➲ Parteigezänk aus persönlichem Profilierungsbedürfnis.

Als Form der Übersteigerung fallen uns ein
➲ Herdentrieb und Massenveranstaltungen,
➲ Angleichung an das „man",
➲ Zwang und Angst als Mittel der Diktatur,
➲ Kadavergehorsam und Unterwerfung unter „den Einen, der uns alle führt".

Zum Recht:
tritt das Unrecht in Gestalt z. B. von
➲ Bestechung und Korruption,
➲ Verbrechen an der Menschlichkeit im Auftrag des Staates,
➲ mehr und mehr Verlust der Grundwerte,
➲ Kriminalität in jeder Form.

126

Als Übersteigerung begegnen uns
➲ deutscher Beamtenformalismus,
➲ Pedanterie,
➲ alles wird „grundsätzlich" bei jeder Diskussion.

Auch die Freiheit:
besitzt ein Gegenbild in dem, was wir erlitten haben als
➲ Unfreiheit, Staatskontrolle, Gestapo oder Stasi,
➲ Unterdrückung bis hin zum „Arbeit macht frei" über dem Tor von Auschwitz,
➲ Gefangenschaft in Wohlstandsdenken, Konsum, Süchten aller Art.

Und die Zerrformen von Freiheit, unter denen unsere Gesellschaft heute unendlich zu leiden hat, sind
➲ Zügellosigkeit und Liberalismus im Zeichen der Toleranz für alles, vor allem auf dem Gebiet der Sexualität (Pornografie, salonfähige Homosexualität, Werbung, etc.)
➲ Individualisierung als oberster Wert unserer Gesellschaft, die aber vereinsamen und verrohen lässt, besonders in der Form der
➲ freien (nicht sozialen) Marktwirtschaft
➲ Medien, die nicht kontrollierte vierte Macht im Staat, die – anders als Parlament, Regierung und Rechtswesen – nicht in die gegenseitige Kontrolle eingebunden sind.

Von daher ist die Aufgabe von uns Christen deutlich, wenn wir dieses Lied singen:
➲ Wir kennen die Abgründe unseres deutschen Wesens;
➲ Wir bekennen uns mit diesem Lied zum Weg Gottes mit unserem Land;
➲ Wir danken für Gottes Berufung für Deutschland und für seine guten Werte und Ordnungen und dass wir einen Teil davon sogar in unserer Hymne besingen dürfen.

Gott erhalte unserem Land
➲ die rechte Einigkeit

➲ das hilfreiche Recht und
➲ die verantwortete Freiheit.
➲ Das wollen wir dann auch tun und unser liebes Land von Gott her damit segnen.

Ohne Gott – das haben wir in unserer Geschichte so oft erlebt – fallen wir Deutschen immer von einem Extrem ins andere. Nur Gottes Geist kann uns zum richtigen Gebrauch dieser Werte anleiten. Das bekennen wir, wenn wir als Christen diese Strophe singen: Du, Gott, segne unser Vaterland mit Einigkeit und Recht und Freiheit, dass es erblühe im Glanze dieses Glückes und es ihm wohlergehe.

So wie die Schande und Scham der Deutschen im verkrampften Umgang mit ihren Symbolen deutlich wurde, so wird nun die wachsende Heilung ebenfalls sichtbar an dem neuen Umgang mit Fahne und Hymne.

Als im Juni 2002 die deutsche Fußball National-Elf von Stufe zu Stufe stieg und endlich im Endspiel stand, konnte man etwas sehen, was man bisher noch nie bei ähnlichen Anlässen in früheren Jahren beobachten konnte: die jungen Deutschen dort in Japan/Korea wie hierzulande schmückten sich und winkten mit unserer deutschen Fahne – die Fahnen in den Läden waren ausverkauft. Und als sie „nur" Zweiter wurden entstand keine Randale. Als „die Elf" dann auf dem Balkon des Rathauses am Frankfurter Römer standen, erklang plötzlich aus dem Volk die Nationalhymne, unaufgefordert, ohne Begleitung.

Die Deutschen sind einen Schritt weiter – offensichtlich!

ENTSCHEIDUNG

SCHLUSSGEDANKEN

Ich möchte an dieser Stelle nun ein persönliches Wort an meine Leser richten.

Wenn Sie bis hierher gelesen haben und sich nicht an zu vielen Aussagen gestoßen haben, d. h. mit dem bisherigen Weg der Argumentation im Ganzen einverstanden sein können, dann glaube ich, dass jetzt der Punkt gekommen ist, wo Sie eine Entscheidung für sich fällen sollten. Denn die Frage ist doch, ob all das bisher Gesagte für Sie nur interessante Information und nachvollziehbare Argumentation war bzw. bleiben soll oder ob sich aus dem Gelesenen für Sie eine Schlussfolgerung ergibt, die in eine persönlich vollzogene Stellungnahme vor Gott einmündet, z. B. in der Form eines Gebetes.

Wissen Sie, ich glaube, dass man sich im Leben leichter tut, wenn man einmal klar Stellung bezogen hat. So auch hier. Ich glaube, dass Deutschland heute Persönlichkeiten – junge und ältere – braucht, die zielbewusst zwischen der allgemeinen gedankenlosen Oberflächlichkeit in Bezug auf Deutschland und einer exklusiven, alles andere abwertenden Deutschidealisierung mit rückwärts gewandtem Blick hindurch fahren, und vom einen wie vom anderen in gleicher Weise Abstand halten. Es geht um den Weg unserer Nation in die Zukunft in väterlicher Kraft und mit Selbstbewusstsein, ohne in die Fehler der Vergangenheit zurückzufallen. Und es geht andererseits um den Anschluss des heutigen Deutschland an seine Geschichte, ohne

Selbstverdammung. Es geht einfach um Deutschland, ganz einfach um Deutschland mit seiner Vergangenheit in einer normalen Gegenwart für eine bessere Zukunft.

Dieses Buch hat diesen Weg gezeigt zwischen Verdammung und Vergötzung. Der Weg heißt: Gnade. Gnade bei Gott und Gnade von den Menschen. Gnade erbitten, Gnade empfangen und Gnade gewähren, wo andere Völker an uns schuldig geworden sind.

Was unser Land braucht, sind deutsche Persönlichkeiten, die durch Gnade und Versöhnung hindurch gedrungen sind zu einem dankbaren, klaren Ja zu ihrer nationalen Identität als Deutsche, die sich deshalb nicht mehr schämen und die damit auch anderen nicht mehr schaden.

Die Entscheidung, die jeder und jede für sich fällen muss, heißt: will ich zu den Persönlichkeiten gehören, die Deutschland auf diesen neuen Weg in die Zukunft voranbringen?

Will ich Versöhnung und Gnade von Gott annehmen für unser Land?

Will ich deshalb zu unserer deutschen Geschichte stehen, einschließlich Nazideutschland?

Bin ich bereit zur Versöhnung, d. h. immer noch einmal um Vergebung zu bitten, wo es nötig ist und Vergebung zu gewähren, wo ich darum gebeten werde?

Bin ich bereit, für mein Vaterland zu beten, dass es in seine, ihm von Gott zugedachte Rolle unter den Nationen segensreich hineinwächst („Berufung“)?

Wenn Sie dazu bereit sind, lesen Sie sich das nachfolgende Gebet einmal durch. Wenn es Ihrer Einstellung entspricht und Sie es übernehmen können, dann sprechen Sie es so vor Gott aus, vielleicht über einen bestimmten Zeitraum hinweg jeden Tag – und warten Sie auf die Auswirkungen in Ihrem Leben. Und in dem der anderen.

Ein Entschluss

Gebet

Mein Gott,
du Gott der Geschichte und Herr aller Völker,
du hast mich in diesem Volk geboren werden lassen, in diesem Land,
mit dieser Geschichte. Ich sage „Ja" dazu.

Herr, ich danke dir, dass du uns dieses schöne Land gegeben
hast und dass wir dein Handeln in Gnade und Gericht in unserer
Geschichte erkennen können.

Du hast unserem Volk eine Berufung zur Vaterschaft gegeben, um
damit ein Zeugnis zu sein und ein Segen unter den Völkern.

Hilf uns in diese Berufung.

Herr, mein Gott, da will ich dabei sein.

Diese Berufung umzusetzen, soll mein Herzensanliegen sein.

Ich will deine Herrlichkeit sehen in unserem Land, o Gott, und das
Licht deiner Liebe soll bei uns aufleuchten.

O Vater, ich trete vor dir ein für mein Vaterland:

Ich trete vor dir in den Riss und bete für Deutschland:

Vergib uns und verändere uns, heile uns und heilige uns dir zum
Eigentum.

Sei unser Vater, du der Vater aller Deutschen! Du allein.

    Amen.

Anhang

Nazigrössen finden zu Jesus

Vielleicht fällt manchem Leser dieser außerordentliche Schritt, Hitler und seinen Genossen zu vergeben, leichter, wenn er/sie den folgenden Text gelesen hat, in dem „der Nationalsozialismus" auf einmal Gesichter bekommt und die Nazigrößen als normale Menschen erscheinen.

Im November 1945 wird der amerikanische Geistliche Henry T. Gerecke Seelsorger für die als Kriegsverbrecher angeklagten Deutschen. Hier sein eindrücklicher Bericht.

Als ich den Nazi-Führern in ihren Zellen vorgestellt wurde, fragte ich mich selber: „Wie muss ich diese Menschen begrüßen, die so unnennbar viel Leid über die Welt gebracht haben und die Ursache sind für den Verlust von Millionen von Leben?" Auch meine eigenen zwei Söhne waren Opfer dieser Missetäter geworden. Wie sollte ich diese Männer begleiten und die Saat von Gottes Wort in ihre Herzen legen, ohne selber das Wachstum zu verhindern?

Zuerst wurde ich in Görings Zelle gebracht. Der gefangene frühere Herrscher nahm sofort Haltung an, schlug die Absätze aneinander und bot mir die Hand; dann machte ich allen anderen einen kurzen Besuch. Dies fand statt am 20. November, gerade bevor die Sitzungen begannen. Die Nacht habe ich im Gebet zugebracht und Gott gebeten, mir eine Botschaft für sie zu geben.

Von diesem Augenblick an gab Gott mir Gnade nach dem Vorbild Jesu, die Sünde zu hassen, aber den Sünder zu lieben. Diese Menschen sollten etwas hören vom Heiland, der auch für sie am Kreuze litt und starb.

Es waren 21 Angeklagte. Sechs davon wählten die römisch-katholische Kirche als geistliche Stütze, fünfzehn zogen den Beistand von protestantischer Seite vor. Streicher, Jodl, Heß und Rosenberg besuchten nie einen Gottesdienst, obschon sie vorgaben, an einen Gott zu glauben.

Eine Doppelzelle im zweiten Stock wurde zu einer kleinen Kapelle eingerichtet, wo die Gottesdienste gehalten werden konnten. Ein früherer Oberstleutnant der SS war unser Organist, sowohl bei den katholischen als auch bei den protestantischen Zusammenkünften. Am Ende meines Aufenthalts fand er Christus und nahm am Abendmahl teil. Das einfache Evangelium vom Kreuz hatte sein Herz umgewandelt.

Sauckel war der erste, der sein Herz dem Evangelium öffnete. Er war Vater von zehn Kindern und hatte eine gläubige Frau. Nach einigen Besuchen knieten wir bei seinem Bett nieder, und er sprach das Gebet des Zöllners: „O Gott, sei mir Sünder gnädig!" Ich weiß, dass er es so meinte.

Dann baten Fritzsche, von Schirach und Speer um Zulassung zum Abendmahl. Rührung ergriff mich, als ich die drei Männer vor mir knien sah, um Brot und Wein zu empfangen. Gott hat durch sein Wort und seinen Geist mächtig an ihren Herzen gewirkt, und als reuige Sünder durften sie die Vergebung um Christi willen annehmen.

Raeder, das Haupt der deutschen Seemacht, war ein eifriger Bibelforscher, der stets mit für ihn unklaren Bibelstellen zu mir kam, und auch er nahm bald mit uns am Abendmahl teil.

Keitel, der Chef des Wehrmachtstabes, bat mich, seinen Dank denen zu überbringen, die daran gedacht hatten, ihnen als Missetätern geistliche Hilfe zukommen zu lassen. Unter Tränen sagte er: „Sie haben mir mehr geholfen, als sie vermuten können. Möge Christus mir beistehen!"

Bei Ribbentrop fand ich zuerst keinen Zugang, aber später fing auch er an, die Bibel zu lesen.

Dann folgte die Verkündigung der Urteile. Göring, von Ribbentrop, Keitel, Kaltenbrunner, Rosenberg, Frank, Frick, Streicher, Saukel und Seyß-Inquart wurden zum Strang verurteilt. Heß, Funk und Raeder erhielten lebenslängliches Gefängnis, von Schirach und Speer zwanzig Jahre, von Neurath fünfzehn und Dönitz zehn Jahre. Von Papen, Schacht und Fritzsche wurden freigesprochen. In den Annalen des Gerichts steht dieser Tag verzeichnet als „das jüngste Gericht".

Den größten Teil der noch verbliebenen Zeit brachten wir nun in den „Totenkammern" zu.

Als eine Gunst der „großen Vier" durften die Verurteilten noch einmal mit ihren Frauen sprechen. Es waren schwere Augenblicke für uns alle.

Ich hörte, wie von Ribbentrop seine Frau versprechen ließ, die Kinder in der Furcht des Herrn zu erziehen. Sauckels Gattin musste ebenfalls das Gelübde ablegen, ihren zahlreichen Nachwuchs nahe beim Kreuz groß werden zu lassen.

Göring fragte, was sein Töchterchen Edda über Vaters Verurteilung gesagt habe, und musste hören, dass das Kind hoffe, seinen Papa im Himmel wieder zu sehen. Er selber war in diesem Augenblick gerührt, und zum ersten Mal sah ich bei ihm Tränen. Er erzählte mir später, dass er schon gestorben sei, als die Tür seiner Zelle sich hinter seiner Frau geschlossen habe.

Tag und Nacht blieben wir nun bei denen, deren Seelen uns Gott anvertraut hatte. Bei einigen wiederholten wir unseren Besuch vier- oder fünfmal am Tag. Von Ribbentrop las während des größten Teils des Tages in seiner Bibel. Keitel wurde am meisten von den Stellen bewegt, die von der erlösenden Kraft des Blutes Christi sprachen. Sauckel war sehr erschüttert, und manchmal meinte er, dass er vor der Vollstreckung des Urteils erliegen würde. Stets betete er in seiner Zelle laut sein Lieblingsgebet: „O Gott, sei mir Sünder gnädig". Diese drei feierten zum letzten Mal in ihrer Zelle das Abendmahl. Gott hat ihre Herzen verändert, und jetzt, angesichts des Todes, beim Verlust aller materiellen Dinge und auch ihres unwürdigen Lebens, durften sie die Verheißung Gottes für einen armen Sünder erfassen. Möchte Jesus auch ihre mit Sünden beladenen Seelen angenommen haben.

Am Abend vor der Hinrichtung hatte ich eine lange Unterhaltung mit Göring. Ich wies ihn auf die Notwendigkeit hin, sich bereit zu machen, Gott zu begegnen. Im Laufe unseres Gespräches machte er aber verschiedene Bibelwahrheiten lächerlich und weigerte sich anzunehmen, dass Christus für Sünder starb. Es war eine bewusste Leugnung der Kraft des Blutes. „Tot ist tot", waren ungefähr seine letzten Worte. Als ich ihn zum Schluss auf sein kleines Mädchen hinwies, dass ihm im Himmel wieder zusehen hoffte, antwortete er: „Es glaubt auf seine Art, ich auf die meine". Eine Stunde später hörte ich viele aufgeregte Stimmen, und dann vernahm ich, dass Göring sich das Leben genommen hatte. Sein Herz schlug noch, als ich in seine Zelle kam, aber auf eine Frage, die ich an ihn richtete, erhielt ich keine Antwort mehr. Eine kleine leere Ampulle lag auf seiner Brust. So ging er hinüber in die Ewigkeit.

Und dann brach die letzte Stunde für die neun anderen an. Nun, da Göring nicht mehr war, musste von Ribbentrop als erster den Gang zum Galgen machen. Bevor er die Zelle verließ, äußerte er sich, dass er all sein Vertrauen auf das Blut des Lammes setze, das die Sünde der Welt wegnimmt, und bat Gott, seiner Seele gnädig zu sein. Dann kam der Befehl, in den Hinrichtungsraum zu gehen. Seine Hände waren gefesselt. Er stieg die 13 Tritte, die zum Platz der Hinrichtung führten, hinauf, und musste dann seinen Namen angeben. Hierauf bekam ich Gelegenheit, ein letztes Gebet zu sprechen, und ... er war nicht mehr.

Auch Keitel ging, auf Gottes vergebende Gnade trauend, hinüber in die Ewigkeit. Dann wurde Sauckel hereingeführt, der mit einem letzten Gebet sein sündiges Leben mit der Ewigkeit vertauschte.

Frick versicherte mir kurz vor dem Tode, dass er auch an das reinigende Blut glaube und dass er während unserer einfachen Gottesdienste Jesus Christus persönlich begegnet sei.

Der letzte unserer Gruppe war Rosenberg, der stets einen geistlichen Beistand verweigert hatte. Auf meine Bitte, für ihn beten zu dürfen, sagte er lächelnd: „Nein danke". Er lebte ohne Retter und starb auch ohne Retter – trauriges Los.

Ich will noch Streichers Ende berichten. Zuerst weigerte er sich, seinen Namen zu nennen, und als der Augenblick seiner Hinrichtung da war, nannte er den Namen seiner Frau und ging darauf mit einem „Heil Hitler" in die Ewigkeit hinüber.

Es war nun drei Uhr morgens, und wir beendigten unsere Arbeit mit einigen Stunden Gebet und Danksagung und einer erneuten Hingabe an den Herrn und seinen Dienst.

Abdruck aus: Axel Kühner: Gut und gerne. Überlebensgeschichten nicht für jeden Tag, Aussaat Verlag Neukirchen-Vluyn, 2. Auflage 1997, Seite 83–87. Abdruck mit freundlicher Genehmigung des Verlages.

WER IST DIE ADORAMUS-GEMEINSCHAFT?

Die Adoramus-Gemeinschaft ist ein Zusammenschluss von evangelischen Christen in Württemberg zu einer verbindlichen Gemeinschaft, die ihren Auftrag darin sieht, zur geistlichen Erneuerung der Landeskirche beizutragen. Zugleich hält Adoramus aber Verbindung auch zu allen Gruppen und Kirchen, die außerhalb der Ev. Kirche arbeiten, und Jesus als Herrn lieb haben. Adoramus hat immer wieder Anstöße zur Einheit unter den Christen gegeben.

„Adoramus" (lat.) heißt, „wir beten an". So ist die Anbetung Gottes das erste Anliegen der Gemeinschaft. Die Liederbücher „Du bist Herr" stammen aus der Feder (besser Computer) eines Mitgliedes der Adoramus-Gemeinschaft. Auch hat sich die Gemeinschaft das alte Kirchengebet „Te deum laudamus" in eigener Übersetzung zur Grundlage ihres Betens gemacht („Dich Gott loben wir").

Impulse der Erneuerung in die Kirche geben die Mitglieder der Gemeinschaft in ihren Kirchengemeinden, wo viele verantwortlich mitarbeiten, oder in verschiedenen christlichen Werken, wo sie oft in tragender Funktion stehen. Als ganze Gemeinschaft gab Adoramus 1991 durch das Büchlein „Macht Bahn! 10 Thesen zur Erweckung der Kirche" einen so starken Anstoß in die Württembergische Landeskirche hinein, dass sich sogar Bischof und Synode damit auseinander setzten. Das vorliegende Büchlein „Die Rechte des Herrn ist erhöht" wird ebenfalls von Adoramus mitgetragen und will ein Impuls sein für den Leib Christi in unserem Land.

Der Weg von Adoramus ist in den letzten Jahren gekennzeichnet gewesen von der Freisetzung von neuen Werken, die alle in ihrer Weise die Grund-Vision der geistlichen Impulsgebung auf ihrem jeweiligen Gebiet umsetzen. So entstand 1994 aus Adoramus und der „Zeltstadt" heraus das neue Werk „Kirche im Aufbruch", das mit immer neuen Arbeitszweigen (Ehe, Jugend, Gemeindeberatung, Prophetie, Lobpreis etc.) und der Tagungsstätte „Nordalb" Erneuerung konkret in der Ev. Kirche in Württemberg und weit darüber hinaus umsetzt. – Seit 1996 entwickelte sich aus der Mitte von Adoramus heraus eine Arbeit an sexuell zerbrochenen Menschen, die sich dann vier Jahre später als eigenes Werk unter dem Namen „wuestenstrom" konstituierte. Aus wuestenstrom kam im Herbst 2000 die vielbeachtete Schrift „Nein zum Ja-Wort", eine Abhandlung zum Lebenspartnerschaftsgesetz. – Auch die nationale Gebetsarbeit „Beter im Aufbruch" entwickelt sich seit Herbst 2000 aus den Wurzeln von Adoramus. – Ein Seelsorgeangebot unter dem Namen „Arca" (= Arche) ist ebenfalls dabei, sich in der Mitte der Gemeinschaft zu entwickeln.

In dem allem erkennt Adoramus eine Berufung Gottes zur „Elternschaft" d. h. zur Freisetzung neuer geistlicher Dienste im Reich Gottes in Deutschland.

Wir wollen aber auch nicht verschweigen, dass wir im Lauf dieser Jahre durch gewaltige Krisen gegangen sind, Krisen, die uns an den Rand unseres Fortbestehens gebracht haben. Und wir sind auch heute weit davon entfernt, eine ideale Gemeinschaft zu sein. Aber Gott ist treu und lässt uns immer neu und tiefer hinein wachsen in die Geschwisterliebe. – Auch fühlen wir uns mit unseren ca. 30 Mitgliedern mit diesen Geburtsprozessen manchmal schier überfordert. Aber wir spüren, dass es nicht unsere Aufgabe ist, alles zu tragen sondern uns in Demut Ihm hinzugeben und uns von Ihm tragen zu lassen. Und so geschieht eine „Geburt" nach der anderen, durch die er sich verherrlicht.

Ortwin Schweitzer studierte Neuphilologie und Theologie und unterrichtete an einem Gymnasium, bis er 1971 in das Evangelische Jugendwerk in Württemberg berufen wurde. Dort baute er die Schülerbibelkreisarbeit auf.

Danach war er 15 Jahre lang Leiter des Hauskreisreferates beim Amt für missionarische Dienste in Stuttgart.

1990 gründete er die Adoramus-Gemeinschaft und 1994 den Verein „Kirche im Aufbruch".

Seit September 2000 engagiert er sich bei „Beter im Aufbruch" Deutschland. einer unterstützenden Arbeit für die Gebetsbewegungen in Deutschland.

Ich glaube, dass dies ein visionäres prophetisches Leitbild ist. DerHerr will sich über unserem Land erheben und genauso, wie es in der Prophetie steht, an unserem deutschen Volk handeln. Ich lese vieles, was in meinem Herzen schon lange angelegt ist und wofür ich seit Jahren bete. Sicherlich geht es vielen von uns so. Mein Herz jubelt und ich rufe zum Herrn, dass wir genau diese Zukunft gewinnen mögen. Lasst uns dieses Bild als ein Leitbild mit einem Herzen voll Glauben anschauen, es verinnerlichen und darauf zu träumen, beten und täglich arbeiten, selbst wenn es noch Jahre dauern sollte, bis die ersten dieser Ereignisse eintreffen. Lasst uns deshalb jegliche Form des defensiven Denkens ablegen und lernen, mit Gott agierend zu handeln.

So empfange ich mit großer Dankbarkeit diese Prophetie und lege es den Lesern nahe, dies auch zu tun. Lasst uns Gottes Zukunft glauben, die er für Deutschland hat. Durch verschiedene Dinge, meine ich, versucht Gott, uns diese Hoffnung zu vermitteln. Und dieses Wort von Ortwin Schweitzer ist eines davon."

(Aus dem Vorwort von Keith Warrington)

VERLAG GOTTFRIED BERNARD
ISBN 3-934771-23-8 · BEST.-NR. 175723

Uganda, die „Perle Afrikas", wie Winston Churchill es einst nannte, ist ein faszinierendes Land, das sich zusehends von den Unruhen und blutigen Bürgerkriegen, die das Land fast zwei Jahrzehnte erschütterten, zu erholen schien. Dann die vernichtende Botschaft: AIDS hat das Land fest im Griff. Es schien das dieser Nation und den dortigen Menschen keine Heimsuchung des Bösen erspart bliebe. Menschlich gesehen gab es keine Hoffnung mehr. In dieser Zeit hörte Gott das verzweifelnde Schreien seiner Kinder. Menschen die nur eine Leidenschaft kannten: Gott von Angesicht zu Angesicht suchen, um in ihrem Land eine göttliche Heimsuchung zu erfahren. Vor unseren Augen wird eine ganze Nation durch das Wirken des Heiligen Geistes transformiert. Die AIDS-Seuche ist stark zurück gegangen, die Wirtschaft ist im Aufschwung begriffen. Christen haben die Verantwortung in ihrem Land übernommen, bis hinein in die höchsten Stellen der Politik. Der Grund für diese nationale Transformation liegt im durchdringenden Gebet die erlösenden Vorhaben Gottes für eine ganze Nation in Existenz kommen zu sehen. Uganda dient uns als Modell, wie wir unseren eigenen Weg der nationalen Transformation vor Gott im Gebet erkennen können.

VERLAG GOTTFRIED BERNARD
ISBN 3-934771-15-7 · BEST.-NR. 175715